HOLGER WITZEL

Schnauze, Wessi!

GOLDMANN

Lesen erleben

Holger Witzel

Schnauze Wessi

PÖBELEIEN AUS EINEM BESETZTEN LAND

GOLDMANN

Dieses Buch ist auch als E-Book erhältlich.

MIX
Papier aus verantwor-
tungsvollen Quellen
FSC® C014496

Verlagsgruppe Random House FSC® N001967
Das FSC®-zertifizierte Papier *Holmen Book Cream* für dieses Buch
liefert Holmen Paper, Hallstavik, Schweden.

1. Auflage
Taschenbuchausgabe Oktober 2013
Wilhelm Goldmann Verlag, München,
in der Verlagsgruppe Random House GmbH
Copyright © der Originalausgabe 2012
by Gütersloher Verlagshaus, Gütersloh,
in der Verlagsgruppe Random House GmbH, München.
Erstveröffentlichung der Kolumnen: www.stern.de
Umschlaggestaltung: UNO Werbeagentur, München,
in Anlehnung an die Gestaltung der Originalausgabe
(© Corbis/Chris Collins)
DF · Herstellung: Str.
Druck und Einband: GGP Media GmbH, Pößneck
Printed in Germany
ISBN: 978-3-442-15769-3
www.goldmann-verlag.de

Besuchen Sie den Goldmann Verlag im Netz

Inhalt

»Aber mit Takt und Respekt vor dem
Selbstwertgefühl der bisher von uns
getrennten Landsleute wird es möglich sein,
dass ohne entstellende Narben
zusammenwächst, was zusammengehört.«
Willy Brandt, 1990, ausnahmsweise mal korrekt zitiert

Friede, Freude, Einheitskuchen

Am 2o. Jahrestag des Mauerfalls lief das Fass der Tränen über. Und mir die Galle. Auf einmal will der Westen die Mauer sogar noch von seiner Seite eingerissen haben. Ein Wutanfall.

Was war das für eine Orgie 71 Jahre nach der Reichspogromnacht: Statt SA-Trupps knatterten wochenlang nur Trabis über den Bildschirm. Auf allen Kanälen flossen Tränen der Freude statt der ewigen Scham. Wenigstens im Kurzzeit-Gedächtnis durften wir noch einmal ein mutiges Volk gewesen sein – *das* Volk sogar zum Teil. Und beinahe wäre die größte Sensation im Freudentaumel über den Mauerfall ganz untergegangen: Wurde sie doch vor 20 Jahren nicht etwa von den Scorpions eingerissen, die so lange *Wind of Change* pfiffen, bis es kein Grenzer mehr auf seinem Wachturm aushielt, sondern eigentlich vom Westfernsehen eingedrückt!

Irgend so ein Besserwisser behauptete in irgend so einer Nacht-der-Nächte-Dokumentation allen Ernstes, Hanns Joachim Friedrichs von den Tagesthemen sei es gewesen. Die Nachrichten über die offene Mauer hätten diese gewissermaßen erst geöffnet. Vermutlich nennt man die wichtigsten Meldungen sogar erst seit diesem Tag »Aufmacher« und wir wissen nun endlich auch, dass nicht das Ei vor der Henne da war, sondern zuerst das Gegacker. Von den Leipziger Broilern, die sich für mehr Freilauf im Hühnerstall verprügeln und einsperren ließen, gar nicht zu reden. Am Ende – man hätte es wissen müssen – war es also das Westfernsehen, der mutige Onkel Hajo aus Hamburg. Das ist zwar weder logisch noch belegt, aber typisch.

Das halten sie bis heute nicht aus, dass sie damals nur staunen und zuschauen konnten. Dass es sie kalt erwischt hat, wo sie doch sonst immer alles wissen. Dass ein dusseliger Funktionär in zehn Minuten erledigte, was sie selbst mit Milliardenkrediten seit Jahren mühsam hinausgezögert hatten. Und auch daran werden sie nicht gern erinnert: Wie sie das kleine schmuddelige Land und seinen Diktator bis zum Schluss hofierten, wie Erich Honecker 1987 beim Ehrenempfang in Bonn den größten Triumph seiner verkorksten Antifaschisten-Karriere noch zwei Jahre vor dem Kanzler der Einheit auskosten durfte, aber immerhin Schulter an Schulter mit ihm. Diese peinlichen Bilder werden zugunsten von Dauersendungen mit Heulkrämpfen (»Dass ich das noch erleben darf!«) gern unterschlagen. Dabei hat Honecker damals bestimmt genau das Gleiche gedacht, heimlich jedenfalls, und dafür sogar ein paar Wochen lang keine Menschen an der Mauer erschießen lassen.

Der rote Teppich von Bonn ist im Rückblick nicht nur ein schönes Symbol für die Verlogenheit der innerdeutschen Beziehungen, sondern auch dafür, was nach den vielen Judasküssen zwei Jahre später kam: Wie die einen strahlten, dass sie endlich mal offiziell in den Westen durften, und die anderen reserviert die Zähne zusammenbissen. Wie der kleine, dürre Mann mit dem altmodischen Hut schon damals, beim Abschreiten der Ehrenformation, permanent Gefahr lief, von seinem großen dicken Stiefbruder von der Teppichkante geschubst zu werden. Wie sich das alle eigentlich ganz anders vorgestellt hatten. Und wie es dann doch genau so kam.

Kaum hatte sich der Wind gedreht (und jetzt bitte nicht wieder dieses schreckliche Lied pfeifen), steckten sie den ehemaligen Staatsgast ins Gefängnis und sich den Rest seines Landes in die Tasche. Aus Volkseigentum wurde genau so schnell ihr Privateigentum wie aus militärischen Ehren Schimpf und Schande. Und damit das nicht so auffiel, ließ man Honecker dann doch noch rechtzeitig ins Ausland fliehen. Wie hätte das auch ausgesehen, wenn der Rechthaber-Rechtsstaat neben ihm womöglich auch einige eigene Politiker wegen Hehlerei oder Beihilfe zu Menschenhandel hätte anklagen müssen. Die gute Laune war jedenfalls schnell im Eimer.

Vielleicht – so viel sei zugegeben – haben sich damals tatsächlich ein paar West-Berliner ehrlichen

Herzens gefreut (bevor ihnen der Verlust ihrer Berlin-Zulage und der Regierungsumzug schwante), vielleicht gab es auch ein paar Westdeutsche, die immer mal ein Päckchen schickten (und von der Steuer absetzten). Die meisten Menschen aber zwischen Nord- und Tegernsee ging das Jahr 1989 nichts an: Ob in China ein Sack Reis umfällt oder auf halbem Weg dahin eine Mauer – na und? Was sollte sich für sie groß ändern? Wenn sie ehrlich sind, was leider nicht ihre Stärke ist, geben sie das sogar zu. Auch dass es ein Irrtum beider Seiten war, dass sich dieses Thema in fünf, zehn oder spätestens 20 Jahren erledigt hätte.

In Wahrheit kann von der so genannten inneren Einheit bis heute keine Rede sein. Dafür sind wir viel zu verschieden. Zum Glück. Immer noch. Vielleicht haben uns die Jahre nach dem kalten Krieg sogar mehr entfremdet als die Zeit davor. Dieser Graben lässt sich nicht leichtfertig zuschütten, wie das seit 1990 vergeblich versucht und in diesen Tagen wieder in allen Festreden beschworen wird, gern auch mit dem berühmten Satz vom Zusammenwachsen (»Nun wächst zusammen, was zusammengehört«), den Willy Brandt tatsächlich nie so gesagt hat, schon gar nicht am 10. November 1989 vor dem Schöneberger Rathaus. Er wurde ihm nachträglich untergejubelt, verstümmelt und verkürzt. Erst ein Jahr später, als man die Wiedervereinigung noch für einen Grund zum Feiern hielt, sagte Brandt etwas, das dem falschen Zitat zwar nahe kam, aber ein wenig nach dem richtigen Umgang mit geistig Behinderten klang. Im

Zusammenhang mit der »wirtschaftlichen Aufforstung« des Ostens warnte Brandt eindringlich vor den »geistig-kulturellen Hemmschwellen und seelischen Barrieren« zwischen den Deutschen und fügte an: »Aber mit Takt und Respekt vor dem Selbstwertgefühl der bisher von uns getrennten Landsleute wird es möglich sein, dass ohne entstellende Narben zusammenwächst, was zusammengehört."

Es kam anders. Takt gehörte ohnehin nie zu westdeutschen Stärken. Und so blieb jeder, was er war. Oder um es ungefähr mit Walter Ulbricht zu sagen, dem wir – neben Hitler und anderen gemeinsamen Vorfahren – das alles zu verdanken haben: Niemand hat die Absicht, eine Mauer einzureißen. Bitte nicht auch noch die in den Köpfen! Schon im Interesse der kulturellen und menschlichen Artenvielfalt wäre es schade darum. Wer soll uns sonst in Zukunft erklären, wie das damals mit dem Mauerfall und dem Westfernsehen wirklich war? Wer soll uns die Demokratie erklären, das Arbeiten beibringen oder die »seelischen Barrieren« heilen? Und wer soll diesen Klugscheißern sagen, dass sie vielleicht auch mal lernen müssen, was ihnen von Natur aus so schwerfällt?

Na gut, ich mach's und sag es mal so: Schnauze, Wessi!

(November 2009)

... und ihr seid ein anderes

Pünktlich zum Jahresende hängen wieder angebliche »Hass-Plakate« im Berliner Stadtbezirk Prenzlauer Berg. Leider ist nur der Adressat klar, nicht der Absender. Eine Bewerbung.

Sie kleben regelmäßig an Stromkästen und Mülltonnen, im Bötzowviertel und rund um die Winsstraße – überall, wo Touristen den Ost-Berliner Kiez einmal besonders kiezig fanden, bis sie unbedingt selbst dazugehören wollten. »Wir sind ein Volk!«, steht dieses Jahr auf den Plakaten. »Und ihr seid ein anderes.« Unterschrieben sind sie mit: »Ostberlin, 9. November 2009.«

Abgesehen davon, dass dies natürlich für das ganze Land gilt, ist es eine ziemlich harmlose Wortspielerei, eine Art Binsenweisheit nach 20 Jahren Clash der Kulturen. Nicht so platt wie »Schwaben, verpisst euch!«, was auf neuen Berliner Fassaden auch oft verlangt wird, oder etwa »Schnauze, Wessi!«. Trotzdem weiß jeder sofort, wer das *eine* Volk ist und wer das *andere* – und was sonst noch gemeint ist. Die Botschaft kommt an, offenbar sogar bei denen, die *das Leben der Anderen* nur aus dem Kino kennen. Sonst würden sie sich nicht alle Jahre wieder darüber aufregen.

Noch schöner ist, dass es jedes Jahr mehr werden – die Plakate selbstverständlich. Sie sind größer und aufwendiger gemacht als die kopierten DIN-A-4-Zettel der vergangenen Jahre, auf denen anonyme Widerstandskämpfer ihren neuen Nachbarn eine gute Heimreise wünschten oder sich für die erholsamen Feiertage bedankten, wenn die Saab-Karawane im Stau nach Süddeutschland steckte. Am schönsten aber sind die öffentlichen Reaktionen darauf, jedenfalls die veröffentlichten:

Ungewohnt vorsichtig rätselt die *Bild-Zeitung* über den »Plakat-Krieg« – es sei noch »unklar, was es damit auf sich hat«. Für »Hass-Plakate« entscheidet sich dagegen die alte West-Berliner *B.Z.* und analysiert »einen neuen Höhepunkt des innerdeutschen Rassismus«. Die *Berliner Morgenpost* meint, »Plakate spalten Anwohner« und verwechselt damit die Ursachen – als könnte Papier eine Schere schneiden. In der *Berliner Zeitung* – sonst eher rücksichtsvoll im Umgang mit ewig gestrigen Gefühlen und Mitarbeitern – wundert sich ein Autor »über die Hartnäckigkeit einiger Ost-Berliner« und verlangt »für die Verfasser ein sofortiges Einreiseverbot nach West-Berlin.«

Man könnte jetzt mit hoher Treffsicherheit sagen, woher die einzelnen Journalisten stammen, zumal

Medien ein beliebtes Tummelfeld für ahnungslose Experten aller möglichen Befindlichkeiten sind. Doch so einfach ist es nicht. Immerhin belegen die Kollegen ihr Unverständnis mit Umfragen unter Betroffenen und Fachleuten. »Absurd« beziehungsweise »unsäglich« findet Bezirksbürgermeister Matthias Köhne die Plakate und glaubt: »Wir waren in dieser Hinsicht schon mal weiter.« Zweifellos ein Irrtum, aber das sei einem Diplompolitologen aus Schleswig-Holstein nachgesehen, der erst seit 1994 in Ost-Berlin lebt. Auch der Stadtsoziologe Hartmut Häußermann wundert sich in der *Berliner Zeitung* über das »provinzielle Bewusstsein«. Immerhin wohnt er schon seit 1996 am Kollwitzplatz, und in seinem Alltag – so der gebürtige Schwabe – seien Ost-West-Differenzen kein Thema mehr. Wahrscheinlich stimmt das sogar, denn am Kollwitzplatz sind sie ja im Wesentlichen unter sich, aber in einem Punkt irrt auch der Soziologie-Professor: Er sei froh, sagt er, dass sich die Kampagne gegen Landsleute und nicht gegen Menschen aus noch fremderen Kulturen richte. Dabei richteten sich die Plakate doch genau dagegen, ausdrücklich sogar! Und fremder als nach solchen Aussagen kann man sich gar nicht werden.

So zieht sich das durch alle Berichte: »Die haben wohl die Zeit verpennt«, echauffiert sich in der *Morgenpost* eine Bankangestellte, die von Köln in den Prenzlauer Berg gezogen ist. Philipp Strube, der 1980 aus Westdeutschland kam und nach einer Karriere als Sozialarbeiter in Kreuzberg nun den beliebten Wochenmarkt am Kollwitzplatz betreibt, sagt: »Ost-West spielt heute keine Rolle mehr.« Auch er mag recht haben: Die Probleme, die sein Markt derzeit mit einigen klagenden Anwohnern aus dem eigenen Kulturkreis hat, haben damit sicher nur am Rand zu tun.

Man kann leider nur spekulieren, warum in den Umfragen fast ausschließlich Ost-Berliner zu Wort kommen, die das noch nicht allzu lange sind. Finden die Reporter doch mal einen Einheimischen, wollen die bei heiklen Ost-West-Fragen lieber namenlos bleiben. »Ich glaube, es handelt sich einfach um die Meinungsäußerung von Leuten, die hier keiner mehr versteht«, zitiert die *Berliner Zeitung* immerhin »eine Frau, die schon lange vor der Wende in Prenzlauer Berg gelebt hat.« Menschen, die im Westen aufgewachsen seien, sagt sie, könnten das nur nicht herauslesen. Jens-Holger Kirchner, der als Bezirksstadtrat für Öffentliche Ordnung auch für wild geklebte Plakate zuständig ist, äußert sich in der *Westberliner Morgenpost* ähnlich vorsichtig: »Die Ost-Berliner haben so viele Veränderungen durchgemacht, die regen sich über den Wandel in den letzten fünf Jahren bestimmt nicht auf.«

Er legt damit einen ungeheuerlichen Verdacht nahe: Kleben die Fremden die fremdenfeindlichen Plakate womöglich selbst? Es sähe ihnen ähnlich: Ich selbst kenne Exemplare, die sich ungeniert beklagen, in den so genannten Szene-Vierteln sei nichts mehr so, wie es war, als sie sich dort breitmachten. Eine Zeitlang haben sie noch versucht, sich mit alten Trainingsjacken der Nationalen Volksarmee zu tarnen und gleichzeitig damit verraten. Was sie nämlich nicht wissen: Wer die einmal tragen musste, wird das nie wieder freiwillig tun. Auch die verbreitete Vorliebe für alte Ost-Mopeds und anderen Quatsch aus dem Fachhandel für Nostalgie sind Indizien. Warum sollen sie also nicht zu denen gehören wollen, die Leute wie sich selbst nicht mögen? Solche narzisstischen Phänomene der Über-Identifikation mit Opfern kennt man aus der Trauma-Psychologie oder der Vergangenheitsbewältigung. Schaut man genau hin, stammen tatsächlich viele, die sich auch öffentlich für »Milieuschutz« in den Berliner Bezirken Mitte, Prenzlauer Berg oder Friedrichshain einsetzen, gerade nicht aus diesen Milieus, sondern haben sie erst kopiert, dann okkupiert und schließlich zu Hause so lange angepriesen, bis sie ihre Zauberlehrlinge nicht mehr bremsen und die Mieten selbst nicht mehr bezahlen konnten.

Wie ich die Plakate verstehe, geht es nicht um arm oder reich, gegen »gentrification« oder »gegen Schwaben«, wie *dpa* und andere vermuten, weil dieses ohnehin bedauernswerte Völkchen schon zu Mauerzeiten als die peinlichsten Berliner galten. Sie richten sich gleichberechtigt gegen Rheinländer, Hessen, Bayern und Westfalen, ja sogar gegen Ost-Westfalen. Es geht um zugezogene Ego-Terroristen und ihre ungezogenen ADS-Kinder. Um Park- und Kindergartenplätze und um die letzten Omis, die nirgendwo ein Päckchen Kaffee bekommen, das nicht zu angeblich »fairen Preisen« gehandelt wird. Um asoziale Attitüden und ein alternatives Image, das sich einen Scheiß um die letzte alternative Kultur schert, die gerade geräumt, gekündigt oder von den neuen Wohnungseigentümern wegen zu lauter Gitarren verklagt wird. Nicht zuletzt geht es natürlich auch um meine Berliner Lieblings-Kneipe, für die ich hier aus guten Gründen keine Werbung machen kann. Immerhin bewahrt sie ihre räudige Identität nur noch mühsam mit einem Schild an der Tür, auf dem kategorisch »Kein Milchkaffee!« steht.

Ein kleines Manko hat die Plakataktion trotzdem: Die Bekenner fehlen. Ich würde nämlich gern etwas spenden, mich nächstes Jahr selbst an der Kleister-Front melden oder ein paar Plakate mit nach Leipzig nehmen, wo es in manchen Gegenden auch überhand nimmt. So kann ich den Berliner Partisanen nur »Venceremos!« zurufen. Und allen anderen – wie immer – Schnauze!

(Dezember 2009)

»Erst haben wir den Sozialismus ruiniert,
jetzt ist der Kapitalismus dran.«
Peter Sodann

Die Winterschlacht

Das Tausalz wird knapp. In Afghanistan ist Krieg, aber niemand boykottiert die olympischen Winterspiele. Bin ich eigentlich der Einzige, dem das alles bekannt vorkommt? Ein Déjà-vu.

Der Winter, so spottete der ostdeutsche Volksmund gern, zähle neben Frühling, Sommer und Herbst zu den größten Feinden des Sozialismus. Man hatte ja keine Vorstellung, wie anfällig auch äußerlich selbstbewusste Gesellschaftsordnungen für Schnee und Eis sind: Nach allerlei Katastrophen-Warnungen wird das aktuelle Wetter inzwischen zwar wieder als »normaler Winter« abmoderiert – aber der Müll trotzdem nur sporadisch abgeholt. Tausalz und Schlitten sind knapp. Züge stehen still. Mein schöner neuer Mercedes schafft es seit Wochen kaum noch aus der Parklücke ...

Und dennoch: Obwohl sich Autos aus Pappe notfalls allein anschieben ließen, würde ich niemals sagen, dass früher alles besser war. Viel schlimmer: Es war genauso. Dieser Winter ist eine Schande für die Demokratie – und das nicht nur wegen der Streugut-Mangelwirtschaft.

Da spricht eine Bischöfin aus, was die Mehrheit im Land über den Krieg in Afghanistan denkt, und wird dafür heftiger angefeindet als Deutschland je von einem Taliban. Sie muss zum Rapport bei der Regierung antreten wie DDR-Kirchenführer in den achtziger Jahren, wenn deren Konfirmanden auf ihren Kutten »Schwerter zu Pflugscharen« forderten. Wie damals wird Afghanistan gerade mal wieder mit Bomben der gesellschaftliche Fortschritt beigebracht. Wie damals redet man zu Hause nicht offen von Krieg. Wie damals hat man einer befreundeten Supermacht bedingungslos zu folgen ...

Wie? Man kann das nicht vergleichen? Andere Zeiten, andere Prioritäten? Gut, ein paar Unterschiede gibt es: Zumindest offiziell hat die DDR in Afghanistan nicht mitgemacht. Fingerabzugsübungen wie vorher im Kosovo waren damals noch für alle Deutschen tabu. Und immerhin, auch das muss man zugeben, war der Einmarsch fremder Truppen in Afghanistan für den Westen 1980 noch Grund genug, die Olympischen Spiele in Moskau zu boykottieren. Wäre aber zu schade für die nun gesamtdeutschen Biathleten, so kurz vor Vancouver. Allein die Taliban, so scheint es, bleiben sich treu.

Leider kann man sich seine Erinnerungen nicht aussuchen, aber wahrscheinlich leiden viele ehemalige SED-Untertanen unter ähnlichen Déjà-vus. Unter den sprachlichen Verrenkungen, wenn einem »teilverstaatlichte« Banken oder »kriegsähnliche« Befreiungskämpfe vermittelt werden sollen. Wenn Tote und andere Kollateralschäden so lange geheim gehalten werden, bis es nicht mehr anders geht, und die Verantwortlichen die Verantwortung allein dadurch übernehmen, dass sie die Verantwortung abgeben. Nicht etwa wegen ein paar ziviler Opfer mehr oder weniger, sondern ausdrücklich nur wegen der »Informationspannen« danach. Honecker, so wissen wir heute, wollte die kleinen schmutzigen Details auch nie so genau wissen oder sie gingen auf dem Weg nach oben vorauscilend verloren. Und wenn eine Clique aus Politikern und Regierungsbeamten schon allein entscheiden will, was ihr Volk wissen darf und was nicht, warum dann nicht genauso selbstverständlich darüber, wer Chefredakteur im staatlichen Fernsehen ist?

Es ist nicht schön, diese Muster überall wieder zu entdecken, aber auch nicht so schlimm. Wer das schon kennt, zuckt nur mit den Schultern. Nicht frustriert – das wird im Westen gern verwechselt –, nicht einmal mehr enttäuscht, allenfalls ein wenig gelangweilt: Warum soll eine Ministerin nicht enstcheiden, was ihre Untertanen im Internet sehen dürfen? Was soll die Aufregung, nur weil arbeitslose Faulpelze härter bestraft werden sollen? Wenn schon nicht mehr das »Recht auf Arbeit« gilt wie im Arbeiter- und-Bauern-Staat, dann doch wenigstens die Pflicht dazu. Am besten steckt man Hartz-IV-Schmarotzer gleich wieder wegen »asozialer Lebensweise« in den Knast (§ 249 DDR-Strafgesetz). So kommt statistische Arbeitslosigkeit gar nicht erst auf – alles schon gehabt. Kita-Plätze als Staats-Doktrin, Politiker, die ihre Ohnmacht selbstbewusst als Entschlossenheit verkaufen, einfältige Propaganda, inszenierter Parteitagsjubel, Durchhalteparolen und Schönfärberei – alles schon mal gehört. Ein Staat, der sich für Subventionen von einem Milliardenkredit zum nächsten hangelt. Wo ohne nachbarschaftliche Schwarzarbeit und Vitamin B kaum noch jemand über die Runden kommt. In dem man sich lieber still an der Meinungsfreiheit freut, wenn Kollegen am Nachbarsschreibtisch plötzlich aus fadenscheinigen Gründen verschwinden. Alles schon erlebt.

Na gut, manches ist doch anders: Auf den alten Stasi-Stativen sind moderne Kameras montiert. Niemand muss mehr Westpakete aufreißen oder informelle Spione anheuern. Was wir denken und kaufen, wird einfach online und auf Vorrat mitgelesen. Gegen die Datensammelwut von Konzernen und Behörden heute wirken die Stasi-Einweckgläser mit Geruchsproben wie lächerliche Briefmarkenalben. Aber ob Sportler gedopt werden oder zappelnde Grundschüler? Ob Kleinbürger mit hypothetischem Volkseigentum oder ein Volk von Kleinaktionären mit Hypotheken? Ob ein paar Banken unser Schicksal bestimmen oder ein paar Bonzen – wo ist der Unterschied?

Etwas beunruhigend finde ich schon, dass ich seit vergangenem Jahr wieder Kunde einer volkseigenen Bank bin und der Automat eines Tages vielleicht nur noch Spielgeld ausspucken könnte. Dass ich auf dem Weg von Leipzig nach Berlin ein Bundesland durchqueren muss, in der eine Art neue Sozialistische Einheitspartei aus SPD und Stasi-Schergen regiert. Dass sich dieses Modell die lautesten Agit-Prop-Journalisten mit West-Biografie sogar schon wieder für das ganze Land vorstellen können. Eine FDJ-Funktionärin im Kanzleramt. Ungeräumte Straßen. Was kommt als Nächstes?

Einmal in den vergangenen Tagen – solche Déjà-vus gibt es auch noch – hielten sofort zwei junge Männer neben meiner Parklücke. Sie hatten mich und meine Reifen durchdrehen sehen, opferten ihre Fußmatten, setzten sich in den Kofferraum, um den dämlichen Hinterradantrieb zu überlisten. Nichts half. Schließlich gruben wir die schwere Karre auf Knien frei. Dabei entdeckte ich an ihrem Auto einen Aufkleber, auf dem in kyrillischen Buchstaben, phonetisch verschlüsselt, stand: »Wer das nicht lesen kann, ist ein dummer Wessi.« Im ersten Moment fand ich das ziemlich blöd, weil es die Adressaten ja gerade nicht lesen können und die Beleidigung schon deshalb nicht ankommt. Aber dann hielt ein noch neuerer Mercedes neben uns und der Fahrer ließ herablassend die Scheibe runter: »Das ist ein Mercedes«, belehrte er uns. »Hinterradantrieb.« Ich bedankte mich artig für den Tipp. Meine beiden Helfer aber verdrehten nur die Augen, als wäre ihnen sofort klar gewesen, dass so ein Sprücheklopfer, der nicht mal mit anfasst, ihren Aufkleber bestimmt nicht lesen kann. Dann sah auch ich sein Nummernschild und ein, dass ich immer noch viel zu höflich bin. Man müsste es auch im richtigen Leben viel öfter laut sagen: Schnauze, Wessi!

(Februar 2010)

> *»Die Ritter waren meist nachgeborene Söhne von Adligen im*
> *westlichen Deutschland, die in ihrer Heimat keinen Rittersitz*
> *erwerben konnten.*
> *Der Kampf gegen die Ungläubigen war ehrenvoll;*
> *zudem lockten Beute und Gewinn.«*
> Friedrich Wienecke,
> Die Germanisierung der Mark Brandenburg

Kriminelle Migranten

Soll noch mal einer sagen, Kriminalität hätte nichts mit Migration zu tun. Oder warum machen ständig Ganoven im Osten Schlagzeilen, die gar nicht von dort stammen? Eine Milieu-Studie.

Gerade hat man den Geschäftsführer der Leipziger Wasserwerke verhaftet. Auch der Boss der hiesigen Verkehrsbetriebe sieht einer Anklage wegen Bestechlichkeit entgegen. Nachbarn und Golffreunde des langjährigen Sparkassenchefs genossen seltsame Sonderkonditionen, bis sich Staatsanwälte und Bankenaufsicht dafür interessierten. Untreue, Vorteilsnahme, Amigo-Affären – in der ehemaligen Boomstadt Leipzig, so muss das von außen wirken, boomt vor allem die kriminelle Vetternwirtschaft.

Als Leipziger ist mir das manchmal richtig peinlich, auch wenn ich wie die meisten Eingeborenen wenig dafür kann. Schaut man sich die üblichen Verdächtigen nämlich einmal genauer an, fällt auf, dass es in Wahrheit gar keine Leipziger sind, die unsere Stadt ständig ins Gerede bringen.

Der Mann, für dessen windige Geschäfte mit den Wasserwerken unserer Stadt nun ein Schaden von 290 Millionen Euro droht, ist eigentlich Münchner. Sein Kollege von den Verkehrsbetrieben stammt aus Köln. Die Sparkassen-Golffreunde sind ebenso zugezogen wie die Sächsische Landesbank im Wesentlichen von Managern aus Baden-Württemberg und Nordrhein-Westfalen zu Grunde gemanagt wurde. Rückblickend muss man sogar die zwei sächsischen Ministerpräsidenten Milbradt und Biedenkopf dazuzählen, die letztlich beide nach anrüchigen Privat-Geschäften zurücktraten. Und ich dachte immer, es wäre nur ein blöder Zufall, woher sie kamen.

Wer konnte schon ahnen, was die vielen selbstlosen Aufbauhelfer vor 20 Jahren tatsächlich im Schilde führten, als sie Posten und Macht in den damals wirklich noch neuen Ländern übernahmen? Sie schienen alles besser zu wissen und machten daraus keinen Hehl. Wie die klapprigen Gebrauchtwagen ihrer Landsleute fühlten sich auch gebrauchte Politiker noch einmal gebraucht. Nach jahrelangem Karrierestau zu Hause wuchsen Beamte und Manager mit Buschzulage plötzlich über sich und das natürliche Ende ihrer Laufbahn hinaus. Wer von einer westdeutschen Uni kam und das Wort Staatsexamen richtig schreiben konnte, wurde sofort Richter oder Amtsleiter.

Nach und nach spürte man zwar, dass diese Leute auch nur mit Wasser kochten, wenngleich mit etwas mehr Dampf. Trotzdem wollte sie niemand gleich mit den Glücksrittern, Spekulanten und Versicherungsvertretern in einen Topf werfen, die nach dem ersten Goldrausch wieder verschwanden. Hätten wir stutzig werden müssen, als viele länger blieben? Sich wie zu Hause fühlten, obwohl sie keiner darum gebeten hatte? Haben wir am Ende doch nicht nur die Besten bekommen, die man im Westen entbehren konnte, sondern vor allem die, die man gern loswerden wollte?

Nicht alle trieben es so schamlos wie der Hesse Jürgen Schneider, der bis heute fälschlicherweise als »Leipziger« Baulöwe bezeichnet wird, oder dieser Postbote, der nach einer gescheiterten Karriere als Amtsarzt in Schleswig-Holstein ohne jedes Medizinstudium Leitender Oberarzt in einer sächsischen Klapsmühle wurde. Die Chuzpe allerdings, mit der solche Hochstapler psychiatrische Gutachten fertigen oder sich als Immobilien-Mäzen aufspielen durften, steht für viele, die damals über den deutschen Osten herfielen. Sie hatten dort leichtes Spiel, weil sie im Grunde nur mit ihresgleichen zu tun hatten: In Behörden und Ministerien, Gerichten und Banken trafen sie nicht etwa auf ahnungslose Einheimische, sondern auf andere Schaumschläger, die selbst noch nicht lange auf diesen Posten saßen und sich von ihren Landsleuten im Zweifel jede überdimensionierte Kläranlage aufschwatzen ließen.

Diese Möchtegern-Leipziger verscherbelten unsere Straßenbahngleise und Wasserwerke an amerikanische

Heuschrecken. Für sie privat, so schien es lange, fielen dabei nur ein paar Dubai-Reisen ab. Inzwischen sind weitere Millionen bei undurchsichtigen Versicherungsgeschäften verschwunden. Muss man noch fragen, woher die Leute in den zuständigen Aufsichts- und Verwaltungsräten stammen, die nun »die kriminelle Energie« ihrer Landsleute beklagen? Wieso die Manager noch bis 2009 im Amt waren, zum Teil mit verlängerten Verträgen, obwohl der Verdacht auf Bestechlichkeit seit 2006 bestand? Wundert es einen, dass die Staatsanwälte, die für ihre Untersuchungen so lange brauchen, auch keine Einheimischen sind? Immerhin: Wenigstens bezahlen dürfen den Schaden echte Sachsen – unter anderem mit ihrem guten Ruf.

Das Muster ist immer gleich: Steht in der Zeitung »Sexskandal erreicht sächsisches Kloster«, handelt es sich in Wahrheit um Schweinepriester, die schon in westdeutschen Internaten übergriffig geworden waren, bevor man sie nach Sachsen abschob, wo sie weiter »Jugendarbeit« leisten durften. Wenn gegen die Chefin des sächsischen Landesamtes für Statistik wegen Untreue ermittelt wird, erfährt man zwar, dass sie öffentliches Geld für private Fortbildungen verwendet haben soll und dies hartnäckig bestreitet – aber nicht, dass sie aus Bayern nach Sachsen kam, was nicht gerade zu ihrer Entlastung beiträgt. Ob sie mit Kinderpornos erwischt werden wie ein Amtsrichter in Löbau oder der Brandenburger Landrat, der eigentlich aus Rheinland-Pfalz stammt. Ob der Sportchef des MDR öffentlich-rechtliche

Sendezeit auf eigene Rechnung verkauft, sein Handwerk aber lange vor der Karriere im Osten beim WDR gelernt hat – niemand zieht diese Leute zusätzlich wegen Rufschädigung zur Verantwortung. Selbst die führenden Neonazis waren und sind allesamt West-Importe. Aber so kennt man das: Wenn René Adler die Nummer Eins der Nationalmannschaft wird, ist er »Leverkusener«, wenn er einmal zu weit aus dem Tor läuft – wieder »der Leipziger«.

Sicher darf man das nicht verallgemeinern: Nicht alle Mitbürger mit westdeutschem Migrationshintergrund sind deshalb gleich kriminell. Es ist wohl eher so wie bei Straftätern, die in Polizeiberichten gern als Südländer bezeichnet werden. Oft können diese oder jene Menschen gar nichts dafür. Sie sind in einem Kulturkreis mit völlig anderen Wertvorstellungen aufgewachsen. Eigennutz und ein ehrgeiziges Verhältnis zu Privateigentum und Karriere gelten dort als Tugend. Das überfordert zuweilen den Charakter.

Der Leipziger Oberbürgermeister soll zum Beispiel mal ein guter Lehrer gewesen sein. Nachdem ihm Experten das ganze Ausmaß der kriminellen Geschäfte seiner städtischen Manager erklärt hatten, warfen sich seine ehemalige Finanzdezernentin und er erstmals gegenseitig Aufsichts-Versäumnisse vor. Die CDU-Frau, geboren in München, vertritt unsere Stadt inzwischen als Finanzexpertin im Bundestag, während sich der SPD-Oberbürgermeister auch schon mal mit dem Hinweis vorstellt, dass er ja eigentlich aus dem Siegerland stammt. Vermutlich meint er das rein geografisch, aber in seiner Karriere-Wahl-Heimat kommt das trotzdem nicht mehr so gut an.

Unter seiner Führung will die Stadt jetzt die Schweizer Bank verklagen, die den Deal mit den Wasserwerken gedeichselt hat, und die internationale Finanzwelt lacht sich einmal mehr schlapp, wie man diese Ostdeutschen immer noch über den Tisch ziehen kann. Aber damit ist nun Schluss: Die neuen Geschäftsführer der Wasserwerke gelten als ausgewiesene Fachleute – schon weil sie aus Hamburg und Niedersachsen stammen.

(April 2010)

»Ein Elefant vergisst nie«
Indisches Sprichwort

Mobbing in den Tod

Nicht nur Menschen leiden stumm unter den Besatzern. Auch in ostdeutschen Zoos spielen sich Dramen ab, die es in dieser Härte vor der Wiedervereinigung nicht gab. Eine Tierparabel.

Beim traditionellen Subbotnik am Ostersamstag – einem selbst unter ausgewiesenen westdeutschen Zonen-Experten bisher relativ unbekannten Ritual, das sich nicht schnöde mit Frühjahrsputz übersetzen lässt – fiel mir ein zwei Jahre alter Zeitungsausschnitt in die Hände. Es geht darin um die Elefantenkuh Rhani, die der Leipziger Zoo im Juni 2008 einschläfern ließ. Und man braucht vielleicht schon einen besonders sensiblen Rüssel, um das innerdeutsche Drama hinter Rhanis Schicksal zu erkennen.

Mich hatte die Todesnachricht zunächst auch nur aus persönlichen Gründen aufgewühlt. Immerhin sind wir zusammen aufgewachsen, Rhani und ich. Wir haben beide einen Großteil unseres Lebens hinter Mauern verbracht, die unglückliche Rhani sogar bis zuletzt, nachdem sie 1980 bei einem Fluchtversuch in den Graben der alten Elefantenanlage gestürzt war. Die *Leipziger Volkszeitung* würdigte sie in dem Artikel mit einer Art Nachruf als »ältesten Bewohner« des Zoos und zeichnete ihre 55 Lebensjahre grob nach.

Rhani war der letzte indische Elefant in Leipzig, der Indien noch mit eigenen Augen kannte. Sie kam 1956 – wie die Zeitung schrieb – »als Wildfang« in die DDR. Möglicherweise spekulierte die junge indische Regierung mit dem Geschenk auf billige Werkzeugmaschinen, aber das ist jetzt reine Spekulation. Im Gegensatz zu mir war Rhani in den siebziger Jahren jedenfalls schon ausgewachsen und ich weiß noch, dass man sie stets an ihrem dicken Rüssel von den anderen Elefanten unterscheiden konnte. Wie bei vielen von uns kam mit den Jahren etwas Übergewicht dazu, ein typisches DDR-Syndrom, wo es zwar meist genug zu fressen, aber nie genug Auslauf gab. Rhani lebte gewissermaßen in einem Zoo innerhalb eines Zoos und wenn das alte Adorno-Zitat nicht schon zu oft missbraucht worden wäre, könnte man bei ihr wirklich von einem »richtigen Leben im falschen« sprechen: Über Jahrzehnte war sie unangefochten die Leitkuh der Leipziger Herde und zeichnete sich dabei, so der Zeitungs-Nachruf, »durch einen sehr geduldigen Charakter« aus. Mit eigenen Kälbern nicht gesegnet, kümmerte sie sich umso liebevoller um die der anderen, bis sie im Herbst ihres Lebens sogar noch eine kleine Fernsehkarriere als Komparsin bei *Elefant, Tiger & Co.* machte, der Mutter aller Zoo-Doku-Soaps – oder wie man in Leipzig gern betont: dem Original.

Der Star an ihrer Seite war das 2002 geborene Elefantenbaby Voi Nam. Dessen Eltern Trinh und Mekong hatte Rhani auch schon großgezogen. Sie war eine typische Patchwork-Oma und ließ die Stänkereien des kleinen Bullen lange mit der gleichen Elefantengeduld über sich ergehen, mit der sie jeden Zickenkrieg unter den erwachsenen Kühen schlichtete. Als Voi Nam zu aufsässig wurde, brach ihm die Leitkuh in einer dramatischen Fernseh-Folge mehrmals die Stosszähne. Das kostete die superschwere Nanny zwar Zuschauer-Sympathie, gilt aber unter Elefanten als durchaus übliche Erziehungsmethode und hatte nichts mit Rhanis DDR-Sozialisation zu tun.

Dann kam 2006, der Umzug in das neue Elefantenhaus, und alles war anders: Auf einmal gab es einen beheizten Innen-Pool, ungewohnt viel Freiheit, sogar einen Futterautomaten für nächtliche Zwischenmahlzeiten. Blühende Landschaften, wenn man so will, etliche Millionen investiert in Sand, Neid und Missgunst – kennt man alles. Und wie üblich widersprechen sich danach auch die zeithistorischen Quellen: Rhani habe die Umgewöhnung im neuen Elefantentempel »schneller als manches jüngere Tier bewältigt«, hieß es in einer Pressemitteilung des Zoos. *Ele-Wiki* dagegen, das Internet-»Lexikon der Elefanten« behauptet, Rhani habe danach ihre Position als Leitkuh abgegeben. Gesichert ist nur, dass knapp drei Wochen nach Eröffnung der neuen Anlage zwei Elefantenkühe aus Hamburg in Leipzig eintrafen: Saida, 32, und ihre Tochter Salvana, 9, die den Namen eines Futtermittelherstellers aus Schleswig-Holstein trägt. Vermutlich würden Hamburger, wenn genug Geld im Spiel ist, ihre Kinder auch Ferrero oder Katjes nennen – doch wir wollen zum Andenken an Rhani einmal sachlich bleiben.

Salvana, so hieß es damals, komme nur kurz auf »Hochzeitsreise« und kehre, sobald sie ein Kalb von Rhanis Ziehsohn Mekong erwarte, wieder nach Hamburg zurück. Aber das sagen alle und bleiben dann doch. Andere Quellen sprechen offen und gleichzeitig verlogen davon, dass die beiden Elefantendamen aus Hamburg »zu einer ausgewogenen Sozialstruktur beitragen« sollten, sobald Rhani als Leitkuh in den Hintergrund treten würde. Sobald, wohlgemerkt – bis sie kamen, war Rhani es noch.

Dank *Elefant, Tiger & Co.* konnten Millionen Zuschauer bei der deutsch-deutschen Zwangsvereinigung im Elefantengehege zusehen. Sie wurden Zeugen, wie sich die Hamburger Kühe vom ersten Tag an aufspielten. Wie Saida dem äußeren Schein nach die Führung über- und Rhani eine halbe Tonne abnahm. Schon seit Jahren litt sie unter Abszessen an den Füßen. Nun bewegte sie sich kaum noch und wagte es bald nicht einmal mehr, sich zum Schlafen hinzulegen. Von wegen »ausgewogene Sozialstruktur«: Anders als die natürliche Autorität aus über 50 Jahren Lebenserfahrung bekam die neue Chefin nicht mal die Attacken der anderen Kühe gegen die kleine, bucklige Hoa in den Griff. Sie sah tatenlos zu, wie ihre Vorgängerin unter dem halbstarken Rüpel Voi Nam zu leiden hatte, der sich plötzlich wie ein Skinhead aus Hoyerswerda aufführte. Oft lehnte Rhani nur noch traurig in einer Ecke, um die entzündeten Beine zu entlasten, und sah noch zwei Jahre lang zu, wie andere ihr Lebenswerk zertrampelten. Trotz starker Schmerzmittel muss es eine einzige Quälerei gewesen sein, bis Tierärzte am Morgen des 13. Juni 2008 ihr Herz per Infusion für immer zum Stillstand brachten.

Und wofür das alles? Rhanis Ziehsohn Mekong interessierte sich auch danach nicht für die Hamburger Kühe. An ihm lag es nicht: Seine Favoritin Trinh, die wie er seit DDR-Zeiten in Leipzig lebt, bestieg er regelmäßig und – wie es sein Pfleger Michael Tempelhoff in seinem unverwechselbaren Fernseh-Sächsisch ausdrückt– »mit Inbrunst«. Ein halbes Jahr lang holte man deshalb sogar noch einen Bullen aus Niedersachsen, der dem vietnamesischen Ossi Mekong mal zeigen sollte, wo es langgeht. Calvin war bekannt dafür, dass er keine Verwandten kennt. In Wahrheit hatte man ihn aus dem Zoo Hannover sogar abgeschoben, um weitere Inzucht mit den eigenen Töchtern zu unterbinden. Doch bis auf heiße Luft kam auch von diesem West-Import nicht viel. In Ostrava dagegen, einer Art zoologischem Billig-Puff hinter der deutsch-tschechischen Grenze, deckte er wenig später gleich zwei Kühe, pikanterweise auch dort Mutter und Tochter.

Vor ein paar Monaten nun, das war die vorletzte Nachricht aus Rhanis trauriger Familie, wurde Mekong, Vater des kleinen Fernseh-Stars Voi Nam und treuer Gefährte von Trinh, ebenfalls nach Tschechien deportiert. Zum Tausch gegen den stattlichen Bullen schickte der Prager Zoo einen kleinen verwachsenen Freier für die Futtermittel-Werbe-Kuh. Trinh konnte darüber anfangs noch lächeln: Wie sich herausstellte, trug sie ein Abschiedsgeschenk von Mekong unter ihrem Elefantenherzen. Wäre es nach den Eltern gegangen, hätte ein Mädchen bestimmt Rhani geheißen. Das Kleine war allerdings schon tot, als man die Nachricht stolz der Presse verkündete. Trinh verscharrte es nachts im Sand – das letzte Andenken an Rhani und ein beengtes, aber überschaubares Leben hinter Mauern, ein winziger Embryo mit Rüssel, kaum zu unterscheiden vom Dung der West-Kühe.

P.S. Aus Pietät bitte ich diesmal von respektlosen Kommentaren abzusehen. Und bitte, liebe Besserwisser, gar nicht erst googeln, die Magdeburger Verwandten mit dusseligen Fragen belästigen oder ein neues Doktoranden-Thema am Heidelberger Lehrstuhl für Ost-Zonen-Folklore einreichen: Anders als die Lebensgeschichte der unvergessenen Rhani war der traditionelle Oster-Subbotnik ausnahmsweise nur Quatsch (siehe Seite 106).

(April 2010)

»Denn wenn jemand meint, er sei etwas,
obwohl er doch nichts ist, der betrügt sich selbst.«
Paulus an die Galater 6,3

Vier Panzersoldaten und ein Hund

Wenn einer schon Ludger heißt und aus dem Münsterland stammt, kann er sich noch so sehr bemühen: Westdeutsche werden das nie los. Warum versuchen sie es trotzdem? Ein Rätsel.

Mein zweitbester bester Freund heißt Ludger und ist – das gebe ich hier weitgehend schamlos zu – auch einer von ihnen. Er kann nichts dafür, müht sich seit 19 Jahren redlich um Assimilation und doch fehlt uns beiden zum Beispiel die überwältigende Erfahrung, Seite an Seite auf einem Topf gesessen und mit aller Kraft den Plan der sozialistischen Sauberkeitserziehung erfüllt, ja übererfüllt zu haben, wie ich sie mit meinem erstbesten besten Freund seit der gemeinsamen Zeit in einem Kinderkrippenkollektiv teile.

Laut empirischer Windelforschung brauchen Kinder

im Westen bis heute länger dafür. Der lange Weg aufs Klo ist sicher vergleichbar mit den altmodischen 13 Jahren bis zum West-Abitur, vielleicht aber auch nur ein Werbeerfolg der Pampers-Industrie. Den werktätigen Müttern der DDR gaukelte niemand vor, ein Kinderhintern müsse nicht vor der Konfirmation trocken sein, sondern sich lediglich so anfühlen. Diesbezüglich ist sogar Ludger, 44, indessen aus dem Gröbsten raus. Sein – unser – Problem ist ein anderes.

Seit er 1991 mit etlichen anderen Journalisten zu ersten Feldstudien in den besetzten Gebieten einfiel, will er unbedingt so werden wie die Leute dort. Anfangs fand ich das noch rührend, etwas befremdlich vielleicht, aber wir haben so auch viel voneinander gelernt. Ich half ihm, nicht sofort überall unangenehm aufzufallen. Im Gegenzug erklärte mir Ludger, ein studierter Volkswirt, komplizierte Dinge aus seiner Welt, den seltsamen Kreislauf der Mehrwertsteuer zum Beispiel, oder wie die so genannte Gewaltenteilung eigentlich funktionieren sollte. Heute glaubt er daran selbst nicht mehr.

Anders als ich wählt er die linke Stasipartei, hat sich von der Allmacht des freien Marktes emanzipiert und versucht sich sogar so anzuziehen, wie er glaubt, dass sich Ostdeutsche anziehen. Er liest Bücher über DDR-Kinder-Fernsehserien, kennt jeden Star dieser *Pittiplatsch*-Republik und erwartet bei jeder Gelegenheit Prüfungsfragen wie zum Einbürgerungstest. Na los, verlangt er dann, frag mich ab: Wie heißt der Hund aus *Vier Panzersoldaten und ein Hund*? Wie viel PS hat ein Trabi? Wer war noch mal IM Notar?

Ludger aus Telgte im Münsterland ist bestimmt der größte DDR-Nostalgiker, den ich kenne, und vermutlich der Einzige, bei dem diese Macke nicht auf Selbsterfahrung beruht. Er sammelt alles, was aus der volkseigenen Konsumgüterproduktion an Eierbechern und anderem Schnulli noch zu haben ist. Will immer noch alles über das Leben in der Zone wissen, als wüsste er dann Bescheid. Versucht jeden Alltags-Pups zu ethnologischen Erkenntnissen über die mentalen Unterschiede aufzublasen, die er so gern überwinden würde. Oft geht das selbst mir zu weit – und zunehmend auf die Nerven.

Zuletzt will Ludger herausgefunden haben, warum wir angeblich immer so schnell jämmerlich wirken, auch wenn wir gar nicht jammern. Und weil es immer wieder schön ist, wenn uns einer von ihnen erklärt, wie wir wirklich sind, gebe ich den Unsinn hier mal wieder: Nach Ludgers Beobachtung entscheidet sich das in der ersten Minute einer deutsch-deutschen Begegnung – oft schon nach der harmlosen Frage, wie es geht. Seine Leute würden auf diese Floskel stets mit einem übertriebenen »blendend« antworten oder platzen sogar ungefragt damit heraus, was ihnen gerade Glückliches widerfahren ist: Im Job, privat »alles super« – auch und erst recht dann, wenn es ihnen gerade nicht besonders gut geht, denn dann geht das niemanden etwas an. Wir dagegen, behauptet Ludger, würden sogar stöhnen, wenn es uns gar nicht besser gehen könnte ...

Wir – und daran merkt man mal wieder, wie viel Ludger noch lernen muss – wollen vor allem wissen, wie es einem geht, wenn wir fragen, wie es einem geht. Es ist eben nicht nur eine Floskel. Und wenn wir in eigener Sache stöhnen – muss ja, wird schon, könnte schlechter sein –, dann lediglich aus Zurückhaltung: Könnte ja sein, dass es Westdeutschen doch nicht so gut geht, wie sie immer tun. Gerade hat er das ja selbst zugegeben.

Ludger widerspricht dem nicht, schlimmer noch: Er findet das »interessant«. Ein Rätsel. Kein Wunder, dass wir seit Jahren aneinander vorbeireden.

Rätsel und Wunder – so ein Quatsch! Die einen lügen, die anderen antworten halbwegs ehrlich. Das ist alles. Aber was will man erwarten, wenn einer Ludger heißt, mit Nutella und Bild-Zeitung aufwuchs und immer noch hofft, man könne ihm das eines Tages nicht mehr anmerken. Allein dieser Ehrgeiz, mit dem er vermeintliche Eigenarten sammelt, imitiert und sich einverleibt, spricht für sich, aber nicht für einen Möchtegern-Ossi. Wie anmaßend das ist, wie herablassend, was der sich überhaupt einbildet! Entschuldige bitte, Ludger, wenn ich es Dir nun auch mal öffentlich sage: Du wirst es nie ganz begreifen! Eigentlich geht es Dich auch nichts an. Und wenn es Dich tröstet: Ich mag Dich auch so. Du musst nicht neidisch sein auf eine Jugend zwischen IMs und Panzersoldaten, höchstens darauf, wie viel einfacher es ist, mit einem deinesgleichen verwechselt zu werden als umgekehrt, in ganz bitteren Momenten sogar von den eigenen Landsleuten.

Im Westen passiert mir das ständig. Da reicht schon eine große Klappe, ein Mietwagen oder mit Messer und

Gabel essen zu können, schon staunen sie: Ach, von drüben? Merkt man gar nicht mehr ... Sie meinen das vermutlich als Kompliment. Sie wissen nicht, dass Anpassung eines der Hauptfächer in der sozialistischen Schule war. Dass es sogar Besteck gab in der DDR. Und gewöhnlich stellen sie dann sofort Fragen wie Ludger vor 20 Jahren: Wie, wollte neulich in Hamburg jemand bei einer Grillparty von mir wissen, habt ihr eigentlich damals gegrillt? Leider ist nicht immer sofort klar, ob solcherlei Interesse nur geheuchelt oder Verlegenheit ist, reine Dummheit oder Frechheit. Vorsichtshalber antwortete ich wahrheitsgemäß: Wir haben Holzkohle angezündet, durchbrennen lassen und dann Fleisch oder Würste auf den Rost gelegt. Wie bei uns, stellte der Kollege verblüfft fest, und weil sie betretenes Schweigen nicht lange ertragen können, sprang schnell ein anderer Gast mit ein paar alten Horrorgeschichten von seinen Transitreisen nach West-Berlin ein. Das scheint überhaupt das Schlimmste für sie zu sein: Bei irgendetwas mal nicht mitreden zu können.

Ludger sagt in solchen Momenten unvermittelt »Scharik«. Und ich fürchte einmal mehr, wir sprechen vielleicht sogar immer noch verschiedene Sprachen: Wer? Was? Wie bitte? »Na Scharik, so heißt der Hund aus *Vier Panzersoldaten und ein Hund*!« Dazu strahlt er. Ich nicke großmütig: Eins, setzen. Manchmal würde ich aber auch gern sagen: Schnauze, Ludger!

(Mai 2010)

Aufbau West in Peine

Immer öfter wird auch für den Westen eine Art Solidaritätszuschlag gefordert. Völlig zu Recht, so wie es dort aussieht
und die Menschen leben müssen. Eine Schande, 66 Jahre
nach dem Krieg.

Da sitze ich nun in einem schäbigen Hotel in Peine und frage mich einmal mehr, was einem an diesem
Westdeutschland noch vor wenigen Jahren so attraktiv
vorkam. Eine gewisse Freiheit, klar, die D-Mark natürlich und der dicke Quelle-Katalog – all diese kurzfristi-
gen Lockangebote, die es nun auch schon lange nicht
mehr gibt. Aber sonst? Ich meine: Wollte ich jemals
nach Peine? Sind wir dafür um den Leipziger Ring ge-
latscht?

Der Minibar-Kühlschrank brummt wie ein sowjeti-
scher Panzer. Die Dusche kann nur kalt oder kochend
heiß und regelt das selbstständig. Bei der naiven Frage

nach W-LAN lacht der Inder an der Rezeption hysterisch auf. Vermutlich hat er sich vom Westen und seiner Greencard ebenfalls mehr versprochen. Eine leere Batterie in der Fernbedienung fesselt mich schließlich vor einer Sendung namens *Frauentausch*, in der eine polnische Rheinländerin mit Putzfimmel per »Videobotschaft« über die Schlampenwirtschaft einer Hausfrau aus dem Allgäu schimpft. Und das alles für 80 Euro ohne Frühstück!

Oft und zunehmend lauter wird auch für die abgenutzten Bundesländer eine Art Solidaritätszuschlag West gefordert, und immer, wenn ich mal wieder dort sein muss, bin ich unbedingt dafür. Es ist eine Schande, wie die Brüder und Schwestern da drüben leben müssen. Jeder Feldweg in Brandenburg hat weniger Löcher als beispielsweise die Autobahn 7. Rechts und links davon siechen verwahrloste Innenstädte vor sich hin. Ihre Fußgängerzonen sehen alle gleich aus. So etwas wie Denkmalschutz kann es noch nicht gegeben haben, als die Häuser vor 30 oder 50 Jahren das letzte Mal renoviert wurden. Adenauer-Charme und 80er-Jahre-Schick, dazwischen kaum Leben, bis auf ein paar dunkle Gestalten, die abends vor Fastfood-Läden Streit suchen. Nach 21 Uhr ist in Peine nur noch Schmalhans oder McDonalds Küchenmeister. Und mir zahlt niemand eine Buschzulage für solche Dienstreisen!

Was es von dort zu berichten gibt, ist meistens auch nicht erfreulicher: Mal schickt man mich in ein altes Salzbergwerk bei Wolfenbüttel, wo die besten Atommüll-Experten Westdeutschlands jahrzehntelang an einer sicheren Endlagerung bastelten, bis die radioaktive Brühe wieder aus den Wänden lief, mal in den Odenwald, wo die besten Pädagogen Westdeutschlands viele Jahre unbehelligt Internatsschüler vergewaltigten, mal nach Fürth zu Quelle, wo die besten Manager Westdeutschlands mitten im Zeitalter des Versandhandels den größten Versandhandel der Welt ruinierten. Nach ihren Millionen-Abfindungen war für Tausende Mitarbeiter nichts mehr übrig und das alte Märchen von der sozialen Marktwirtschaft über Nacht vorbei. Dass viele SED-Genossen genau so fest an die »Einheit von Wirtschafts- und Sozialpolitik« glaubten, tröstet in Nürnberg und Umgebung auch niemanden.

Umweltsauereien, charakterlose Lehrer, kollektiver Selbstbetrug – so wie mir heute der Westen vorkommt, muss es Transitreisenden früher mit der DDR gegangen sein. Und genau wie damals Tante Erika aus Stuttgart mache ich jedes Mal drei Kreuze, wenn ich die Grenze wieder hinter mir lasse. Von West nach Ost – allein dafür hätte ich mir vor 25 Jahren selbst einen Vogel gezeigt. Wer konnte auch ahnen, dass der Todesstreifen zwischen Sachsen-Anhalt und Niedersachen so schnell seinen Schrecken verliert und sich dahinter ein neuer auftut, der mehrere hundert Kilometer breit über alle niedersächsischen Kleinstädte und das westfälische Ödland bis nach Holland reicht? Tante Erika empörte damals immer besonders, wie die Kommunisten das Land heruntergewirtschaftet haben. Inzwischen muss sie in ihrer Heimat Baden-Württemberg einsehen, dass es auch ohne geht.

Vielleicht hätte man alle DDR-Bürger, bevor sie 1990 die D-Mark wählten, erstmal auf eine kleine Rundreise in den echten Westen schicken müssen, in die Eigenheimsiedlungen von Bocholt oder an den Stadtrand von Ulm. Wir kannten dieses sagenhafte Land ja nur von ersten Ausflügen zum Ku'damm oder aus dem Westfernsehen und wussten noch nicht, dass die auch lügen. In Wahrheit riecht es weder in Ludwigshafen noch in Köln nach Intershop oder Oma-Parfüm, sondern auch nur nach BASF oder Gosse. Im Odenwald gibt es noch nicht mal überall Handy-Empfang, gar nicht zu reden von HSDPA, wie es der smarte Mobil-Surfer Ost gewohnt ist. Und wo, wenn nicht in Peine, bekommt man eine Ahnung, warum sich ausgerechnet in dieser Gegend Bischöfinnen hemmungslos betrinken und ostdeutsche Tormänner vor Züge werfen? Im Nachhinein, fürchte ich, stimmt doch, was wir Lenin in der Schule nie glauben wollten, diese Sache mit dem stinkenden, faulenden Kapitalismus: Mir kommt er vor allem stinkend faul vor.

In Hamburg lungern Mütter schon vormittags auf Spielplätzen herum, weil sie angeblich keine Kita-Plätze finden. Auch ihre Männer arbeiten im Durchschnitt weniger als im Osten, aber bekommen immer noch mehr Geld dafür. Spätrömische Dekadenz könnte man das nennen, wenn es nicht vielmehr griechische Zustände wären, denn die üppigen Pensionen für ihre Beamten und Politiker aus den fetten Jahrzehnten, die es im Osten nie gab, müssen wir schließlich auch noch mitbezahlen. Der Westen ist ein Fass ohne Boden.

Natürlich kommen die Menschen dort noch nicht ganz ohne unsere Hilfe aus, menschlich vor allem, da gibt es nach wie vor die größten Defizite. Aber ein eigener Solidaritätszuschlag West? Das macht nur bequem und böses Blut, wenn damit dann doch wieder nur der nächste Krieg finanziert wird wie seinerzeit am Golf. Womöglich stecken sie unser Geld noch einmal in Quelle-Kataloge, die drei Monate später eingestampft werden. Schicken ihre Kinder weiter auf teure Internate, die sich als Kinderbordelle entpuppen. Am Ende bezahlen wir auch noch in 1000 Jahren für die Atommüll-Entsorgung am Zonenrand, weil sie ihre Kernkraftwerke doch länger betreiben ...

Zuerst sollten die Landsleute im Westen mal lernen, was arbeiten heißt. Später kümmern wir uns um ihre marode Infrastruktur, wenn es dafür nicht längst zu spät ist. Erst diese Woche, das muss man sich mal vorstellen, wollte mir ein Kollege aus Frankfurt am Main ein Fax schicken. Ein Fax! Jüngeren Lesern aus den modernen Bundesländern wird das kein Begriff mehr sein, aber so nannte man früher PDF-Dateien auf echtem Papier, die man erst einscannen und schließlich am anderen Ende einer Leitung (!) wieder ausdrucken musste. Mittelalter. Westdeutschland. Wahrscheinlich bräuchte man sogar eine Art Treuhand, die den ganzen Schrott abwickelt und mit ein paar Millionen obendrauf an unternehmungslustige Ostdeutsche verteilt. Aber das könnte wieder zu neuen innerdeutschen Zerwürfnissen führen.

Viele von uns engagieren sich ja schon seit Jahren beim Aufbau West. Sie steuern in München die U-Bahn, sterben in Afghanistan für die Freiheit in Neumünster. Nicht auszudenken, wie es in Essen ohne Putzkolonnen aus Ghana oder Gera aussehen würde. Und gar nicht zu reden von mutigen Reportern, die ihre seelische Gesundheit in Peine riskieren.

Haltet also durch, Entwicklungshelfer! Und Ihr zu Hause: Schickt bitte weiter Päckchen! Abgelaufene Wurst, leere Batterien, Faxpapier – sie können hier alles gebrauchen. Und wenn sie den Hals nicht voll bekommen, in 20 Jahren frech den gleichen Lohn fordern oder in Kolumnen undankbar rumnörgeln, dann gibt es natürlich nur eine Antwort: Schnauze, Wessi!

(Mai 2010)

Harald Schmidt: »War eigentlich der Sex drüben wirklich so
toll, wie es immer heißt?«
Sibylle Berg: »Ich hab gevögelt, das können Sie sich nicht
vorstellen.«
Harald Schmidt: »Verdammt!«

Sex im Dunkeln

Kein Spaß im Bett, Stutenbisse im Job – West-Frauen bie-
ten reichlich Stoff für West-Frauen-Zeitschriften. Wer sein
Glück mit einer Ost-Frau teilt, lässt die Finger besser ganz
von diesem Thema. So wie ich. Eine Liebeserklärung.

Schreib doch mal was Fieses über West-Frauen,
wünscht sich mein zweitbester Freund Ludger, der sie
kennt. Und weil in der Flut aus Fan- und Hassmails
oft ähnliche Hinweise auf sexuelle, ethnische – ja, nicht
zuletzt bizarre physiologische Unterschiede geschildert
werden, habe ich sogar mal kurz darüber nachgedacht.
Trotzdem möchte ich es lieber lassen.

Es ist nämlich so, dass ich aus guten Gründen keine
eigenen Erfahrungen mit West-Frauen habe. Und keine
heißt wirklich *keine*, weder Affäre noch Flirt, sie haben
mich nie interessiert. Ich kann also nicht mal beurteilen,
ob sie tatsächlich so viel nervender, berechnender und

verklemmter sind, wie das immer behauptet wird. Dass sie, wenn überhaupt, nur im Dunkeln Sex haben. Dass es ihnen nicht so auf Äußerlichkeiten und Altersunterschiede ankommt, wenn es um den richtigen Ernährer oder irgendeinen läppischen Status geht. Dass sie sich untereinander jeden Job, jedes Gramm Untergewicht und jeden Blickkontakt mit einem echten Mann aus dem Osten neiden. Das alles würde ich gern als Halbwahrheiten abtun, wenn ich wenigstens *einmal* das Gegenteil erlebt hätte, aber wie gesagt ...

Letztlich kann ich nur Schlüsse daraus ziehen, wie sich West-Männer hierzulande aufführen und allein damit alle Klischees über ihre eigenen Frauen bestätigen. Wie sie gleich nach der Okkupation ausschwärmten und bis heute schwärmen: Von der angeblich so unkomplizierten Art der Zonen-Frau, mit der man nicht erst lange über Sinn und Zweck der Fortpflanzung diskutieren müsse, ohne Einverständniserklärung der jeweiligen Kirche – oder wie Ludger bei seinen naturgemäß immer wieder scheiternden Versuchen staunt: Ohne auch nur einen Zweifel aufkommen zu lassen, was sie selber wollen, und das nicht nur im Bett. Echtes Selbstbewusstsein, weder aufgesetzt noch feministisch hysterisiert, scheinen West-Männer von Haus aus nicht zu kennen. Es irritiert sie und macht sie gleichzeitig an. Auf Dienstreise in Leipzig können sie deshalb ihren Speichel kaum kontrollieren und wärmen gern die alten Messe-Legenden auf, nach denen man hier bei den schönsten Frauen für ein paar Strumpfhosen alles bekäme. Sogar das, wonach sie zu Hause nach etlichen kostspieligen wie sinnlosen Schönheits-OPs nicht mal zu fragen wagen.

Vor besonders unkomplizierten Leipzigerinnen habe ich westdeutsche Gastarbeiter Anfang der neunziger Jahre oft gewarnt. Sie wollten das nie hören. Es passte nicht in ihr Bild von dieser glückseligen Insel ohne Aids und Vermögensausgleich, wo alle immer nur nackt badeten und aus Mangel an Freizeitangeboten nichts mit sich anzufangen wussten, als es ständig und zügellos miteinander zu treiben. Dass diese Berichte vom Alltag der Eingeborenen auch nur der Fantasie ausgehungerter West-Reporter entsprungen waren, merkten viele erst, wenn am Morgen danach der Bodybuilder-Freund des Mädchens auftauchte und ein paar hundert Mark »Entschädigung« verlangte. Natürlich zahlten sie brav und so kam anfangs doch noch ein Teil der so genannten Buschzulagen im Osten an, bis sie ihre West-Frauen schweren Herzens nachholten oder wieder heimkehrten, was – das immerhin ist keine Vermutung – für alle Beteiligten das Beste war.

Seltsamerweise gab und gibt es trotzdem immer wieder Fälle, in denen eine deutsch-deutsche Beziehung auch mal fünf Jahre oder länger hält, meist jedoch nur zwischen West-Frau und Ost-Mann, falls Sie das in Ihrem Bekanntenkreis mal empirisch überprüfen wollen. Die Frage ist nur, ob dafür die West-Frauen etwas können, oder ob es eher am Langmut der Ost-Männer liegt, ihrem Stehvermögen gewissermaßen?

Dass West-Mann und Ost-Frau dagegen auf lange Sicht nicht kompatibel sind, kann man nur zum Teil auf sein retardiertes Rollenverständnis oder ihre Ansprüche an eine gewisse Befriedigung im Bett schieben. Selbst wenn sich ein Düsseldorfer bis zur Würdelosigkeit verrenkt, kriegt er den Spagat nicht hin, den eine Frau aus Cottbus erwartet: Nimmt er Erziehungsurlaub und läuft mit einem Babytragetuch rum, kann sie ihn nicht mehr ernst nehmen. Bildet er sich ein, sein wichtiger Beruf lässt mehr Zeit für Familie nicht zu, ist er schneller ein Wochenendpapa, als er seine Börse zücken kann, mit der er sich gewöhnlich davon freikauft. Ost-Frauen kennen keine Trennungsängste. Die Scheidung sitzt immer mit am Küchentisch. Oft sind sie selbst mit alleinerziehenden Müttern groß geworden und finden nichts dabei. Ein falsches Wort, eine überhebliche Geste, ein gedankenloses Geschenk – weg sind sie. Ich persönlich brauche nur mal über die dreckige Küche zu stöhnen, ganz leise, eher für mich, schon höre ich noch dreckigere Schimpfworte: Du Wessi, zum Beispiel, mach's doch selber!

Meist machen wir es dann zusammen, die Küche. Und damit bin ich auch schon beim besten aller Gründe, warum mir unterforderte Herdheimchen mit heimlichem Karrierefrust oder überforderte Karriere-Mütter mit heimlicher Herdsehnsucht unheimlich sind: bei meiner Frau. Sie nimmt mir weder dieses »besitzergreifende Possessiv-Pronomen« übel – wie mich eine sonst ganz hübsche West-Kollegin mal belehrte, nachdem ich zu ihrer Abschreckung schnell von »meiner« Frau erzählt hatte –, noch verwechselt sie Emanzipation damit, immer alles haben zu müssen. Sie hat es einfach: Zwei Kinder, mal einen Job, mal keine Lust und – nach ein paar ernüchternden Erfahrungen in den Wendewirren – natürlich einen echten Ost-Hecht als Mann.

Wahrscheinlich würde sie es nicht mögen, wenn ich an dieser Stelle mehr verrate. Vielleicht sollte man westdeutsche Leserinnen und Leser auch gar nicht noch zusätzlich mit den sexuellen Raffinessen einschüchtern, die wir seit Jahren teilen. Nur so viel: Über die wesentlichen Dinge in Bett, Familie oder dem Umgang mit Euch sind wir uns auch deshalb einig, weil wir beide in einem Land aufwuchsen, in dem Geld und Geltung keine große Rolle spielten. Es erlaubte nicht viel, aber wenigstens unabhängige Liebe.

Wenn es bei uns mal Streit gibt, dann höchstens darum, wer als Kind mehr aus dem Westen hatte. Während meine Familie aus verschiedenen Quellen mit Jeans, Kaffee und Schokolade ganz gut versorgt war – ein entfernter Bekannter schickte sogar Zucker! –, musste meine Frau die Cordhosen ihrer Cousins aufragen. Trotzdem liegt sie mit den Fliesen für das Bad ihrer Familie in der Gesamtwertung ziemlich weit vorn. In kleinen Portionen schleppte sie die mit ihrer Schwester von der Paketbox nach Hause. Quadratmeter für Quadratmeter. Bruchsicher zwischen Puddingpulver verpackt: Geschenksendung, keine Handelsware. Fliesenkleber – anders als Zucker echte Bückware – natürlich auch. Wahrscheinlich hat sie von ihrer alleinerziehenden Mutter damals auch gleich das Verlegen gelernt, denn handwerklich kann ich ihr sowieso nichts vormachen, vom Einparken gar nicht zu reden. Das Schönste aber ist: Ich kann das alles ohne Erektionsprobleme zugeben, während sie kein Problem damit hat, mir belegte Brote, Wundpflaster und immer einen Apfel einzupacken, wenn ich am Wochenende mit meinen Hooliganfreunden westdeutsche Drittliga-Städte verwüste. Es ist diese souveräne Mischung aus Stolz und gütigem Männerverständnis, diese Größe, einfach alles ... Aber wer weiß: Durchaus möglich, dass es das drüben auch vereinzelt gibt. Nach über 2 Millionen Republikflüchtigen seit 1989.

Wie nun mehrfach betont, kann ich einfach nichts Schlechtes über West-Frauen sagen, nicht mal etwas Vorteilhaftes. Es war auch nicht mein Anliegen, alten Vorurteilen keine neue Nahrung zu geben. Eigentlich wollte ich an dieser Stelle nur mal öffentlich sagen, wie sehr ich meine große Liebe liebe, denn heute sind wir genau zehn Jahre verheiratet. Glückwünsche gerne, von mir aus auch Neid – ansonsten wie immer: Schnauze!

(Juni 2010)

Fragen verboten

In Dresden bestraft ein westdeutscher Richter zwei Journalisten. Sie haben zu freche Fragen über westdeutsche Richter gestellt. Mangelnde Pressefreiheit? Besatzungsrecht? Nein, nur Sachsen. Ein Prozess.

Der Journalisten-Verband fürchtete ein »Exempel«. In letzter Minute forderte sogar die weltweit agierende Menschenrechtsorganisation *Reporter ohne Grenzen* Freispruch. Und ich naives Zonenkind dachte immer, üble Nachrede gehöre zu unserem Beruf. Aber Fragen stellen? Als Journalist? Vorsichtshalber nehme ich auch diese beiden Fragezeichen gleich wieder zurück.

Falsche Fragen sind gefährlich. Das hätten gerade die zwei Leipziger Kollegen wissen müssen, nachdem sie schon unter einem Gesinnungsregime aufwuchsen. Was wäre wohl passiert, wenn sie die gleichen Fragen in der DDR gestellt hätten, für die sie jetzt vom Amtsgericht

Dresden verurteilt wurden: »Gerieten sie unter Druck«, hieß es in einem ihrer Artikel über Polizisten, »weil der einflussreiche Richter Dienstaufsichtsbeschwerde gegen sie erhob?« Jede beliebige Junta in Afrika oder Lateinamerika hätte sich das auch nicht gefallen lassen. So gesehen kamen die Reporter mit je 2500 Euro Geldstrafe auch für sächsische Verhältnisse geradezu billig davon.

Immerhin, so die Anklage, sollen die Schmierfinken zwei ehrenwerte Richter verleumdet haben, die in den frühen neunziger Jahren weder Strapazen noch Beförderungen scheuten, um die Gerechtigkeit in den Osten zu bringen. Sie haben in ihren Artikeln außerdem unverblümt die Arbeit westdeutscher Staatsanwälte kritisiert, was hierzulande automatisch eine Anklage nach sich zieht. Und ich dachte erst ... Aber das behalte ich lieber für mich. Schließlich waren in Dresden ursprünglich sogar Haftstrafen gefordert.

Na gut, sie kriegen es ja doch raus und ich kann nach diesem Geständnis vielleicht mildernde Umstände erwarten: Ich ging also – aber auch wirklich nur, weil die Verhandlung zufällig am ersten 1. April begann – zunächst von einem Scherz aus. Als sich der Schauprozess auf massenmördertaugliche dreizehn Tage aufblähte, leuchtete selbst mir ein: Sie nehmen das ernst. Dabei dachte ich immer – und darf bei der Gelegenheit auch gleich dieses üble Vorurteil korrigieren –, an ostdeutschen Gerichten herrsche schon deshalb ein gewisser Schlendrian, weil ab Donnerstagmittag schon alle zu Hause in Westdeutschland sind. Doch ausgerechnet an einem Freitag fiel das Urteil, an einem Freitag, dem 13. zudem. Dass es auch noch der 13. August war, möchte ich vorsichtshalber auch nicht überbewerten. Besser nicht.

Dabei war es die übliche Konstellation für ein ostdeutsches Gericht: Richter, Oberstaatsanwalt, Nebenkläger und Nebenklagevertreter – alles westdeutsche Top-Juristen, die vor 20 Jahren die hiesige Rechtspflege übernahmen: Allein der zweite Staatsanwalt verschleierte seine Herkunft so souverän, dass man selbst bei übelster Nachrede nicht sagen könnte, ob ihn von klein auf anerzogene Servilität oder assimilierter Ehrgeiz antrieb. Es kann aber auch die Fuchtel seines Oberstaatsanwalts gewesen sein, der in Sachsen schon einmal durch illegale Journalisten-Schnüffelei aufgefallen ist. Und ich dachte immer, wenigstens für solche Ausrutscher würde man zurück in den Westen versetzt. Vermutlich ist eine Beförderung im Osten Strafe genug.

In den unbotmäßigen Artikeln ging es einmal mehr um Erkenntnisse sächsischer Verfassungsschützer, die seit 2007 den Freistaat erschüttern und – auch das sicher nur Zufall – vor allem westdeutsche Aufbauhelfer aus Justiz und Verwaltung in Verruf brachten: um gemauschelte Immobilien, ein Kinder-Bordell – den fälschlich trotzdem so genannten Sachsensumpf. Ein aufgeregter Innenminister – woher wohl? – hatte schon 2007 eindringlich gewarnt, »die organisierte Kriminalität« werde mit »den für sie typischen Mitteln zurückschlagen«. Und ich dachte immer, damit wären vielleicht abgeschnittene Finger oder Ähnliches gemeint. Aber Strafverfahren?

Man bräuchte zu viele strafbare Fragezeichen, um alle Protagonisten der Affäre noch einmal aufzulisten. Jedenfalls hatten Richter, Staatsanwälte und Politiker, nachdem in den nicht mehr ganz geheimen Dossiers vor allem Richter, Staatsanwälte und Politiker namentlich verdächtigt wurden, schnell die Unschuld von Richtern, Staatsanwälten und Politikern festgestellt: Alles kalter Kaffee, so der offizielle Abschlussbericht, übereifrige Verfassungsschützer und – wenn überhaupt – ohnehin verjährt. Nur ein paar renitente Journalisten wollten sich damit nicht abfinden und wurden ersatzweise selbst zu Verdächtigen. In einem von insgesamt 21 Ermittlungsverfahren ging es sogar um die »Verunglimpfung des Staates und seiner Symbole«. Und ich dachte immer – davon abgesehen, dass die meisten nur aus Akten einer staatlichen Behörde zitiert hatten –, so etwas Pittoreskes wie Majestätsbeleidigung gebe es nicht mehr, seit Kaisers nach Holland und Honeckers nach Chile flohen. Meine Dummheit, meine Schuld!

Besonders dreist aber trieben es diese zwei Reporter. Sie stöberten nicht nur die Frauen auf, die in einem Leipziger Bordell wie Sklavinnen gehalten wurden, sondern fragten sich und ihre Leser auch noch, warum nie etwas über die Freier der damals noch minderjährigen Mädchen ans Licht kam. Immer wieder hatten sie in Vernehmungen beteuert, bei ihnen hätten auch »hochrangige Juristen« verkehrt und einige auf Fotos identifiziert. Die hochrangigen Staatsanwälte hielten das jedoch für unglaubwürdig, weil die Frauen nach 15 Jahren nicht mehr sagen konnten, ob bestimmte Freier vier oder fünfmal da waren und was genau an welchem Abend getrunken wurde. Im Verfahren gegen die Journalisten war nur noch von »ehemaligen Prostituierten« die Rede, als wäre es für die Mädchen eine Art Ferienjob gewesen. Ein Satz nur von ihnen, zum Beispiel: Von unseren Freiern sitzt niemand hier im Saal – und der Fall wäre klar gewesen. Doch umsichtig, wie man in Sachsen ist, hatte man vorab auch die wichtigsten Zeuginnen der Affäre wegen Verleumdung angeklagt. Auf Rat ihrer Anwälte schwiegen sie deshalb, solange für die Wiederholung ihrer Aussagen selbst Strafe droht. Und ich dachte immer, wenigstens vor Gericht könne, ja, müsse man die Wahrheit sagen. Aber unter Besatzungsrecht – das wusste ich nicht – nur im Sinne der Anklage.

Der Prozess gegen die Frauen verzögerte sich leider. Angeblich fühlte sich der zuständige Richter befangen, weil sein Gerichtspräsident in den Verfassungsschutz-Akten ebenfalls übel belastet wird. So konnte man erst mal die frechen Journalisten ohne störende Zeugen zum Schweigen verurteilen. Das war schon schwer genug: Selbst die Polizisten, auf die sich der anstößige Fragesatz bezog, hatten sich nämlich geweigert, die Reporter wegen übler Nachrede anzuzeigen. Schließlich erledigte das ein westdeutscher Vorgesetzter für sie. Reine Fürsorge, nachdem dieselben Fahnder schon vor Jahren nicht mal mit Disziplinarverfahren zu bremsen waren, als sie sich in die organisierte Vereinigungskriminalität bei der Umwandlung von volkseigenen Grundstücken in westdeutsches Privateigentum verbissen hatten. Sicherheitshalber drohte man auch ihnen noch weitere Verfahren an. Aber Druck von oben? Unvorstellbar in Sachsen, wo schon die Frage danach strafbar ist.

Missbrauchte Mädchen, missbrauchte Polizisten – alles Einheimische wie die verurteilten Reporter. Wer wittert da keine Verschwörung? Wieso dürfen aufsässige Ostdeutsche überhaupt Rechtsmittel einlegen, wie es die Journalisten ankündigten? Das sind die Fragen, die man selbst in Sachsen ungestraft stellen darf. Ein Untersuchungsausschuss soll nun die Hintergründe ermitteln, warum bisher so wenige Hintergründe ermittelt wurden oder – wie es der grüne Landtagsabgeordnete Johannes Lichdi nennt – das »Drehbuch der Scheinaufklärung zur Vertuschung«. Der hat leicht reden. Als Jurist, immun zudem und selbst von drüben. Ich dagegen will es mal vorsichtig so sagen: Wenn mir noch mal einer mit seinem Latein von der Gewaltenteilung kommt, mit Judikative, Exekutive und Legislative, vielleicht sogar noch mit der Presse als vierter Gewalt, dann kann ich nur sagen und hoffen, dass ich das Wort jetzt richtig nachgeschlagen habe: Tace, Wessi! Tace!

(Juli 2010)

»Kaninchen in Australien oder Wessis in Weimar –
immer wieder zeigt sich: Werden Wesen willkürlich in eine
wehrlose Umwelt verpflanzt, breiten sie sich ungehemmt aus.«
Stern 51/2004 über die Kamtschatka-Krabbe in Norwegen

Nie wieder Ostsee

Auf Usedom waren Ostdeutsche noch ein paar schöne Jahre fast unter sich. Spätestens nach diesem Sommer kann man auch die letzte Insel der Glückseligen vergessen. Ein Abschied.

Wie der schon guckt! Gleich wird er die Polizei rufen oder uns persönlich belehren, dass da, wo wir schon immer liegen, keine FKK-Badestelle ist. Oder will er nur fragen, was hier der Quadratmeter Handtuch kostet? Sich neben uns ausbreiten womöglich! Es sind vielleicht die letzten schönen Tage dieses Sommers. Wir müssen auf alles gefasst sein.

Zum Glück erkennt man sie immer noch von weitem: Die ganze Familie in Weiß, Krokodile auf der Brust, gebügelte Bundfalten. Er zieht einen Bollerwagen voller Strandspielzeug hinter sich her. Seine blasse Frau sprüht ihre Kinder auf Schritt und Tritt mit irgendeiner Flüssigkeit ein, wahrscheinlich Lichtschutzfaktor 70 Plus. Barfuß – immerhin – laufen sie schon ewig hin und her, bleiben stehen, glotzen rüber, fühlen sich ertappt und finden offenbar nicht den richtigen Abstand zwischen uns und der nächsten Familie, die mindestes 50 Meter entfernt liegt.

Geht weiter, zische ich, hier ist kein Platz mehr für Euch! Meine Frau schaut besorgt von der *Super-Illu* auf, die sie um ihre *Brigitte* gefaltet hat – schließlich wollen wir selbst auch nicht unangenehm auffallen. Unsere Jungs ducken sich hinter dem Windschutz, der schon Oma und Opa über 40 Jahre diente. Alle wissen, was jetzt wieder kommt: Vati wird gleich zum Äußersten greifen. Zu seiner ausgeleierten DDR-Badehose. Und nur meiner Familie zuliebe behalte ich sie diesmal noch ein paar Minuten länger an.

Den ganzen Urlaub geht das schon so. Die Stimmung war im Eimer, seit wir in Wolgast vor der Peenebrücke standen. Vor uns Kölner, hinter uns Hessen, dazwischen meine Stoßgebete: Bitte nicht! Bitte nicht auch noch Usedom! Vergebens, wie ich seitdem Tag für Tag feststellen muss und mir vorkomme wie Thilo Sarrazin in seinen schlimmsten Alpträumen: Seit die Autobahn 2o fertig ist, vermehren sie sich hier ungebremst. Mieten uns die Strandkörbe weg, wenn der Strandkorbvermieter nicht auch schon einer von ihnen ist. Halten beim Bäcker den Verkehr auf, weil sie die Sprache nicht beherrschen oder erst die Herkunft jedes Sesamkorns klären müssen. Wie in finsteren Zeiten der Urlauberversorgung bekommt man ohne Reservierung keinen Tisch im »Deutschen Haus«. Am liebsten wäre ich wieder abgereist, wenn es nicht einer Kapitulation gleichkäme – und die Falschen träfe. Uns.

»Du hast Urlaub«, sagt meine Frau, und dass ich mich entspannen soll. Als könnte ich was dafür, dass sie hier sind! Können die nicht an ihre eigene Küste fahren, wo die Strände aus Schlamm sind und die Kurorte aussehen wie Recklinghausen? Heißt das Meer hier etwa Westsee?!

Erst fiel der Darß, dann haben wir Rügen und schweren Herzens Hiddensee aufgegeben, um vor etwa zehn Jahren auf den letzten Streifen Sand vor Polen auszuweichen. Es war die Zeit, als Tourismusmanager mit 52 Prozent erstmals mehr Westler als Ostler an der Mecklenburger Küste zählten und die *Bild-Zeitung* nach drei oder vier Beschwerden bei der Kurverwaltung Warnemünde den »Nackt-Krieg« ausrief. Ein paar Wochen schien der Freikörperkultur-Kampf das Land unversöhnlicher zu spalten, als es die Mauer je vermochte. »Ostdeutsche«, so der *Berliner Tagesspiegel* damals pauschal, »wollen sich das Nacktbaden nicht verbieten lassen.« Prüde Eroberer, nackte Ureinwohner – was sich westdeutsche Fachleute für DDR-Kultur eben so ausdenken, die sich auch bei der Ursachenforschung für ihre selbst erfundenen Massenphänomene selten lumpen lassen: Von der kleinen Ersatz-Freiheit, einem Akt der Opposition gewissermaßen bis zum Stoffmangel in der volkseigenen Bikini-Fabrik konnte man jeden Unsinn lesen. So ein nackiger Broiler, das vor allem blieb bei mir hängen, muss sehr verstörend auf sie wirken. Und deshalb ziehe ich neuerdings selbst bei jeder Gelegenheit blank und ermuntere auch meine Familie nach Kräften dazu:

Wenn sie durch die Dünen joggen – Hose runter und sie rennen sofort weg. Wenn ihre Golden Retriever zwischen unsere Tröpfelburgen scheißen – setzt Euch ungeniert daneben! Wenn sie die unberührte Natur loben und gleichzeitig jede Wiese dahinter bebauen. Wenn sie so tun, als hätte es mit ihrem Solidaritätszuschlag zu tun, dass ihnen inzwischen alle Villen der Strandpromenade, ja ganze Ostseebäder gehören. Wenn sie sich selbstgefällig entrüsten, dass ein Drittel ihrer Landsleute noch nie im Osten war und die das mit dem Service hier sicher auch noch lernen ... Zeigt ihnen, was die einheimischen Drei-Euro-Kellner über sie denken und welches Drittel uns lieber ist! Gegen Unverschämtheit hilft nur Schamlosigkeit.

Na bitte: Familie Krokodil hat sogar ein Fernglas dabei, diese Spanner – wie ich durch meins genau erkenne. Erst ziehen sie einem das letzte Hemd aus, dann sollen wir es wieder anziehen. Ist doch wahr! Da braucht sich meine Frau gar nicht gelangweilt auf den Bauch zu drehen. Glaubt sie etwa, mir macht es Spaß, sie auf diese Weise einzuschüchtern? Keine Kunst, schon klar: Jeder weiß, dass es die Natur mit unseren malerischen Küsten und Körpern besser gemeint hat, so wie die Geschichte den Westen bevorzugte. Natürlich würde auch ich gern Rücksicht auf unsere pubertierenden Jungs nehmen, die sich zurzeit sogar beim Umziehen lieber unter Handtüchern verrenken. Aber wenn es Notwehr ist, nackte Verzweiflung? Wenn sie sich nicht mal mehr von Neonazis oder der einheimischen Küche abschrecken lassen? Aber dafür Nackten in die Tasche greifen!

Die Bußgelder belasten zwar unsere Urlaubskasse. Doch wenn man einmal begriffen hat, dass dahinter auch bloß die Interessen der westdeutschen Badehosenindustrie stecken, tragen sich selbst hängende Hintern wieder mit Stolz und wie von allein. Nicht zuletzt geht es auch um Zimmerpreise, Parkgebühren und die Tasse Kaffee für vier Euro. Darum, dass sich Adam aus Leipzig und Eva aus Magdeburg ihr Paradies nicht mehr leisten können, seit jeder kleine Hafen am Achterwasser eine Marina sein will. Sogar die Möwen sehen so fett aus, als stammten sie vom Timmendorfer Strand, während die hiesigen – jetzt rege ich mich schon wieder auf – in Polen verhungern. Gar nicht zu reden von unserem alten Eisverkäufer Knut.

Vor einem Jahr noch hat er uns verraten, wie er sie erkennt: »Wir lecken – sie lutschen.« Dabei nickte er wohlwollend, weil wir sein Eis besonders vorsichtig mit der Zunge umkreisen. Sie dagegen würden ihre Lippen gierig über die Kugel stülpen, als bekämen sie nie genug. Knut wusste, wovon er sprach: Er war Genossenschaftsfischer, bevor ihre Kutter alles leer fischten, und eine zeitlang unser Vermieter, bis sein ausgebauter Hühnerstall einem Hotel weichen musste. Der neue Besitzer aus Kiel duldete den Eisstand noch ein paar Jahre. Diesen Sommer war nun auch Knut nicht mehr da. Billige Studenten aus Litauen verkaufen nun abgepacktes Tankstellen-Eis am Strand. Und für wen? Genau: Für den gierigen Lutscher aus Kiel.

Da passiert es: Die Krokodile stutzen und marschieren sofort auf uns zu. Während ich noch routiniert meinen Nackt-Kriegstanz aufführe, denke ich darüber nach, ob sich die Ferien nicht so weit entzerren ließen, dass solche Begegnungen ganz wegfallen. Familien aus den alten Ländern könnten doch zum Beispiel im Herbst an die Ostsee fahren und wir aus den annektierten dafür im August auf ihre Skigebiete verzichten. Voller Freude über diese Lösung nehme ich den Kroko-Mann erst wieder wahr, als er seinen Krempel fallen lässt und sich vor mir aufbaut wie vor einer Schlägerei. Dann öffnet er plötzlich seinen Krokodil-Gürtel und strahlt. »Na bloß guat,« sagt er und winkt seine Familie näher. »Hät scho denkt, hier schdracked nur noch brüde Schwobe rum«. Und was noch erschreckender ist: »Näggich« sehen sie uns beinahe ähnlich. Schnell ziehe ich meine Hose wieder an, und nächstes Jahr probieren wir es einfach mal an der Nordsee. Im Grunde dürfte dort ja niemand mehr sein.

(September 2010)

> *»Heute herrscht angeblich Freiheit,*
> *aber die Leute sind unfrei wie nie zuvor.*
> *Damals waren wir versklavt,*
> *und dennoch tat jeder, was er wollte.*
> *Jedenfalls die, die ich kannte.«*
> Andrzej Stasiuk

Danke? Nein, danke!

Gern und immer wieder wird von Ostdeutschen etwas mehr Dankbarkeit verlangt. Nach genau 20 Jahren ist es vielleicht auch mal Zeit dafür. Nur – wofür eigentlich? Eine Festrede.

Undankbarkeit ist ein undankbarer Vorwurf. Was soll man dazu auch sagen? Wer Dankbarkeit verlangt, ist häufig ein knauseriger Geizhals. Er gibt nicht wirklich gern. Möchte wenigstens ein wenig Dankbarkeit dafür. Als Gegenleistung. Es ist also eher ein Geschäft. Aber wir wollen heute, nach genau 20 Jahren Undankbarkeit, nicht selber knauserig sein und deshalb möchte ich die Gelegenheit gern zum Anlass nehmen, um es – auch im Namen meiner Landsleute – endlich mal aus vollem Herzen zu sagen:

Danke.

Wir hätten das schon viel früher mal tun sollen. Man vergibt sich nichts dabei und es ist gar nicht so schwer, wenn man nur wüsste, wofür?

Etwa für den entwürdigenden »Beitritt« zu einem notdürftigen Grundgesetz, das für diesen Fall eigentlich eine neue, gemeinsame Verfassung vorsah?

Dafür, dass Ostdeutschland den gemeinsam begonnenen Krieg allein ausbaden durfte? Oder etwa dafür, dass der Westen diesen Zustand am Ende mit Milliardenkrediten noch sinnlos lange und künstlich am Leben hielt, bevor er sich, was übrig war, einverleibte?

Gut, ich weiß schon: Immer wenn Westdeutsche etwas aufregt, geht es am Ende um ihr Geld, sind also die so genannten Transferleistungen gemeint, die gern auf angeblich mehr als eine Billion Euro hochgerechnet werden und doch zum größten Teil sofort wieder zurückgeflossen sind.

Müssen wir uns wirklich für die Milliarden-Subventionen bedanken, die westdeutsche Firmen zu den Treuhandschnäppchen dazubekamen, aber vor Ort fast nie Früchte trugen – und wenn doch, von dieser Summe nie abgezogen werden? Für die schönen neuen Autobahnen, mit denen die Autobahnbaufirma aus Stuttgart neben dem Osten vor allem sich selbst sanierte, genauso wie die reich beschenkten Stromriesen am Rhein?

Dafür, dass »Bundesregierung und Treuhandanstalt unerlässliche Aufsichtspflichten verletzt und parlamentarische Kontrollrechte in einem Ausmaß außer Kraft gesetzt haben, wie es keine demokratisch legitimierte

Regierung in Deutschland nach 1846 gewagt hat«, wie es die SPD als Fazit nach dem 2. Treuhanduntersuchungsausschuss 1994 formulierte?

Für den unglaublichen Aufschwung durch die plötzliche Nachfrage nach gebrauchten oder neuen Autos, nach Videorekordern oder jede einzelne Zahnbürste, die den Zusammenbruch der westdeutschen Überproduktion noch ein paar Jahre hinauszögerte? Für den eiskalt kalkulierten Umtauschkurs der Ost-Mark, der vor allem dazu diente, dass ein Absatzmarkt aus 17 Millionen neuen Verbrauchern von heute auf morgen selbst nichts mehr herstellen sollte? Steht auf dem Kassenzettel nicht üblicherweise: Wir bedanken uns für ihren Einkauf? Und jetzt sollen wir uns auch noch dafür bedanken, dass wir uns kaufen ließen?

Für jedes klebrige Glas Nutella, jede Zigarette, die der ostdeutsche Hartz-IV-Empfänger raucht, ja selbst seine Miete vom Amt, die in aller Regel direkt an seinen westdeutschen Hausbesitzer überwiesen wird, sollen *wir* uns bedanken – nicht Ferrero, Philip Morris oder der neue Hausbesitzer?

Für die »größte Demontage einer Industrienation in Friedenszeiten« wie der Münchner Volkswirt Hans-Werner Sinn die wirtschaftliche Abwicklung des Ostens Anfang der neunziger Jahre nannte? Oder dafür, wie es der Ifo-Chef heute formuliert: Dass die Angleichung der Lebensverhältnisse an Westniveau bereits vor 14 Jahren de facto zum Erliegen gekommen sei und deshalb in Hoyerswerda niedrigere Hartz-IV-Sätze angemessen wären?

Für die zig Milliarden, die bei der Sanierung von ostdeutschen Häusern und ganzen Städten »transferiert« wurden, aber die in Form von Sonder- oder Denkmalschutzabschreibungen letztlich auch nur westdeutsches Vermögen vermehrt haben, weil kaum eine dieser Immobilien Einheimischen gehört?

Sollen wir angesichts der vielen neuen, aber seit Jahren leer stehenden Bürohäuser wirklich vor Dankbarkeit weinen oder eher wegen der unglaublichen Steuerverschwendung zugunsten gieriger Anleger, deren Sonder-AfA bis 50 Prozent auch niemand von dieser mysteriösen Billion abzieht. Und für die im Übrigen auch die drei oder vier letzten ostdeutschen Steuerzahler aufkommen, sofern sie nicht ohnehin im Westen Frondienste leisten oder vor lauter Dankbarkeit für ihre Leih- oder Billiglohnjobs gar keine Steuern zahlen, weil der Rest gerade so reicht, um die Miete des – da ist er schon wieder – westdeutschen Hausbesitzers zu zahlen und das Nötigste in westdeutschen Supermarktketten einzukaufen?

Oder sind die sinnlosen Flughäfen, die überdimensionierten Kläranlagen und die vielen Spaßbäder gemeint, die oft für das »versickerte Geld« beim Aufbau Ost herhalten müssen? Sollen wir uns also bei den Beratern, Beamten und Aufbauhelfern bedanken, die all diese Kläranlagen zu groß genehmigt und zu teuer gebaut haben, oder sollen wir vorher noch mal nachfragen, woher die Planer und Baufirmen, die Notare und Anwälte, eigentlich jeder, der vor Ort an diesem Unsinn partizipiert hat, in Wirklichkeit stammen?

Sollen wir uns dafür bedanken, dass eine FDJlerin jetzt Bundeskanzlerin spielen darf? Dass ostdeutsche Soldaten seit kurzem den gleichen Sold bekommen wie ihre westdeutschen Kameraden? Dass aber sonst im Osten auch nach 20 Jahren in fast allen Branchen länger gearbeitet und weniger verdient wird? Dass Frauen im gesamtdeutschen Durchschnitt fast ein Viertel weniger verdienen als Männer, aber – schaut man sich die Zahlen des Statistischen Bundesamtes mal genauer an – westdeutsche Frauen immer noch mehr bekommen als ostdeutsche Männer? Im Durchschnitt, wohlgemerkt, also obwohl es im Osten doppelt so viele Doppelverdiener-Paare gibt wie im Westen, was die durchschnittlichen Einkünfte gegenüber den vielen Hausfrauen West eigentlich heben sollte.

Es tut mir leid, aber umso länger ich suche, desto schwerer fällt die erwartete Dankbarkeit. Das angebliche Fass ohne Boden läuft immer wieder im Westen über. Ist es das? Sollen wir uns dafür bedanken?

Für den Etikettenschwindel mit dem Solidaritätszuschlag, der nie etwas mit Aufbau Ost oder gar irgend einem Solidarpakt zu tun hatte, sondern von Anfang an – wie alle Steuereinnahmen – dem allgemeinen Finanzbedarf des Bundes diente, unter anderem zur Finanzierung des Golfkrieges?

Für die rechtsextremen Anführer, die in Scharen rüberkamen, oder eher für die vielen Rechtsextremismus-Experten, die ihnen folgten, diese seltsame Symbiose aus arbeitslosen Soziologen und dümmlichen West-Faschisten?

Für die bittere Erkenntnis, dass im Westen auch nur überall geduckmäusert wird, wenn auch mit erhobener Nase? Dafür, dass in den ersten Jahren noch alles verteufelt wurde, was hierzulande Alltag war, aber nun auf Teufel komm raus nachgeahmt wird – Kinderkrippen für alle etwa oder brutale Knüppeleinsätze gegen demonstrierende Schüler in Stuttgart?

Habe ich etwas vergessen? Die vielen guten Tipps vielleicht, wie man richtig arbeitet, oder die Belehrungen, wie man sich in der DDR richtig verhalten hätte? Die Politiker, Wissenschaftler und Journalisten, die einem seit Jahren und in diesen Tagen wieder ohne jede Ahnung, aber dafür umso selbstbewusster erklären, wie es damals wirklich war, wie »unrecht« oder »kommod« sich die Diktatur anfühlte? Na, schönen Dank auch!

(Oktober 2010)

»Leipzig ist wie Sodom und Gomorrha.
Mit Hurerei und Wucher überschüttet,
darum kann's ihnen nicht wohl ergehen.
Es geschieht ihnen recht:
Sie wollten's nicht anders haben.«

Martin Luther

Arme Helden

Erst Heldenstadt, dann »Boomtown« – inzwischen ist Leipzig nur noch Hauptstadt der Armut. Aus der friedlichen Revolution ist ein Opernball für Zugezogene geworden. Ein Trauerspiel.

Jedes Jahr im Oktober ehrt Leipzig seine Helden: Die etwa 70.000 alles entscheidenden Montagsdemonstranten von 1989, die 90.000 Toten der Völkerschlacht – und die 2.000 Gäste des Opernballs kann man ruhig auch dazuzählen. Sie stammen zwar mehrheitlich aus dem Westen und geben sich im wahrsten Sinne der Floskel nur selbst die Ehre, aber letztlich haben auch sie zu dem beigetragen, was diese Stadt heute ist. Nur die Leipziger selbst tun sich traditionell etwas schwer mit Feierlichkeiten in eigener Sache.

Als es hier vor knapp 200 Jahren gegen Napoleon ging, standen die Sachsen viel zu lange auf der falschen

Seite. Bis sie am 9. Oktober 1989 endlich den Mutigsten unter ihnen beistanden, die schon seit Jahren Haft und Schikanen in Kauf nahmen, sahen die meisten nur ängstlich zu, wenn die Volkspolizisten fast genauso herzhaft zuschlugen wie ihre Stuttgarter Kollegen in diesen Tagen. Und weil die Erinnerung an die kurze Zeit danach, als das Volk ein paar Monate wirklich das Volk war, im Rückblick auch ein wenig wehmütig macht, feiern das Westdeutsche auf dem Opernball lieber unter sich.

Kaum hatten die Leipziger das ungewohnte Gefühl der Freiheit gegen das trügerische der freien Marktwirtschaft getauscht, riefen Westmedien – ich fürchte, es war sogar zuerst der *Stern* – die »Heldenstadt« zur »Boomtown« aus, was leider auch besonders viele Spekulanten und Schaumschläger anlockte. Ihre Kräne und Steuersparmodelle prägten die Stadt in den neunziger Jahren. Und heute, weitere zehn Jahre später, ist sie tatsächlich ganz oben angekommen: In einer aktuellen Vergleichsstudie des Statistischen Bundesamtes hat Leipzig sogar Berlin von Platz 1 verdrängt und kann sich seit Juni ganz offiziell die ärmste Großstadt Deutschlands nennen.

Das haben die »Helden« nun davon: 27 Prozent müssen mit weniger als 60 Prozent des bundesweiten Durchschnitts-Einkommens auskommen. Vor dem ersten Weltkrieg nach Pro-Kopf-Einkommen noch die reichste Stadt im Reich, ist 20 Jahre nach der so genannten Wiedervereinigung jeder vierte Leipziger das, was Statistiker hierzulande als arm oder »von Armut bedroht« bezeichnen. Angesichts solcher Zahlen kann man den Leipziger Oberbürgermeister und seine Marketingmitbringsel aus dem Westen nur bewundern, wenn sie den Einheimischen und sich selbst immer noch einreden, wie stolz man trotzdem auf das Erreichte sein könne, und ihnen sogar zeigen, wie man das richtig feiert. Notfalls auch ohne Leipziger.

Schon im vergangenen Jahr, zur großen 20-Jahrfeier der Friedlichen Revolution, hatten nur wenige echte Helden Lust auf einen gemeinsamen Festakt mit Muster-Wendehälsen wie Angela Merkel oder dem sächsischen Ministerpräsidenten Stanislaw Tillich, die 1989 noch brav an ihren DDR-Karrieren feilten. Viele den Bürgerrechtlern zugedachte Plätze im Gewandhaus blieben leer. Weil sich aber stattdessen sogar noch mehr mutige Menschen mit Kerzen auf den Ring um die Innenstadt wagten als vor 20 Jahren, soll dieses »Licht-Fest« nun jedes Jahr stattfinden.

Die Leipziger Oktoberrevolution ist ein »Event« geworden, veranstaltet von der *Tourismus und Marketing GmbH*. »Ab 105,- EUR pro Person im Doppelzimmer« gibt es Wochenendarrangements samt Stadtrundgang »Auf den Spuren der Friedlichen Revolution«. Wenn schon die verarmten Leipziger in den letzten 20 Jahren nicht viel daraus gemacht haben, haben so wenigstens westdeutsche Hotelketten etwas davon. Und wenn die heutigen Marketing-Revoluzzer damals nicht helfen konnten, so holen sie es jetzt eben nach und schmücken sich gern mit den Indianerfedern der Ureinwohner.

Für den Oberbürgermeister, seinerzeit noch Lehrer für Deutsch und Religion im Siegerland, sind es immer wieder »Gänsehaut-Momente«, wenn er mit Landsleuten den unerwarteten Karrieresprung feiert. Vermutlich wäre er zu gern ein »echter Leipziger«, wie es auf den gelben T-Shirts steht, die er gemeinsam mit seinem Tourismuschef aus Verden in Niedersachsen neulich vorstellte. »Echte Leipziger« sollen damit künftig Werbung für »ihre Stadt« machen – als wäre es noch *ihre*, oder als hätte jemand 14,95 Euro für ein lächerliches T-Shirt übrig! Gar nicht zu reden von der jährlichen Gedenkshow der westdeutschen Selbstdarsteller.

40.000 Besucher zählten sie dieses Jahr. Und wer wirklich dort war, fragte sich, ob vielleicht noch dieselben Demonstranten-Zähler im Dienst sind, die früher die Teilnehmer der Paraden zum 1. Mai hochgerechnet haben. Möglicherweise steckt aber auch nur die Lobby der westdeutschen Wachskerzen-Industrie hinter diesen Wunschzahlen. Und selbst wenn es 5.000 waren, gingen die schnell wieder heim, als die kaum erträgliche Live-Übertragung der Nikolaikirchenorgel auf dem Augustusplatz begann.

Der Nikolaikirchenkantor stammt aus Bad Mergentheim, der »Künstlerische Leiter« des Lichtfestes aus Essen. Die Festrede hielt Nobert Lammert aus Bochum und beklagte, dass »vor die Hunde zu gehen scheint, was wir zum Funktionieren einer demokratischen und modernen Gesellschaft brauchen.« Aber wieso eigentlich? Etwa weil ein Bundestagspräsident Ermittlungen gegen Journalisten vorantreibt? Oder weil die Fiege-Bierkutschermütze »für besondere Verdienste um das Ruhrgebiet« einen wie Lammert schon dafür prädestiniert, Leipzigern zu erklären, dass die Proteste in Stuttgart nichts mit denen von 1989 zu tun haben? Spielte er damit womöglich auf den sinnlosen Milliardentunnel an, der auch unter Leipzigs Innenstadt gerade gebohrt wird? Wollte er uns loben oder verhöhnen, weil wir uns seit 20 Jahren alles gefallen lassen? Ganz schön unfair – haben die Stuttgarter doch mehr als 60 Jahre gebraucht, um das zu begreifen!

Ein Sänger namens Rolf Stahlofen recycelte dann noch ein sieben Jahre altes Lied mit dem Titel *Zeit was zu ändern.* Die Lichtfestspielleitung wollte damit so etwas wie eine neue Freiheitshymne in der Bach-Stadt etablieren und hielt den Musiker aus Süddeutschland wohl für den geeigneten Mann, nachdem er bereits den Uhu in Peter Maffays *Tabaluga* gesungen hat. Aber vielleicht muss man schon froh sein, wenn einem nicht auch noch der *Wind of Change* aus der Partnerstadt Hannover um die Ohren pfeift.

Weil das Opernhaus am selben Tag mit Wagners *Meistersingern* – immerhin das Werk eines echten Leipzigers – seinen 50. Geburtstag feierte, kam es zuvor noch zu einem niedlichen Eklat zwischen den westdeutschen Kultur- und Gedenkverwaltern der Stadt. Die Pressesprecherin der Oper hatte sich öffentlich über »so ein Bohei« geärgert, das um den 9. Oktober vor 21 Jahren gemacht werde. Noch schlimmer als die fehlende Absprache der Feierlichkeiten war offenbar dieses treffende, aber leider viel zu rheinische Wort, für das man ihr prompt einen unsensiblen Umgang mit der heiligen Friedlichen Revolution bescheinigte. Am Ende wurde die aus Westdeutschland stammende Pressesprecherin von ihren aus Westdeutschland stammenden Chefs nach Protesten von aus Westdeutschland stammenden Zeitungsredakteuren gegen eine neue Pressesprecherin aus West-Berlin getauscht. Wie zur Strafe kündigte der westdeutsche Oberbürgermeister kurz darauf an, dass die Oper aus Kostengründen bald nur noch sechs Monate im Jahr spielen könne.

Den Leipziger Opernball, auf dem er mit seinesgleichen dieses Wochenende feierte, wird es wohl nicht treffen, auch wenn das echte Leipziger kaum schmerzen würde. Ein paar einheimische Schauspieler und Sportler waren zwar als Hofnarren auch noch dabei, aber sonst war alles wie immer: Draußen demonstrierten Nazis, angeführt von westdeutschen Funktionären. Die Polizei, angeführt vom westdeutschen Polizeipräsidenten der Stadt, versuchte, die aus Westdeutschland angereisten Gegendemonstranten von der Oper fernzuhalten, damit deren Eltern dort in Ruhe ihr Crépinette vom Milchkalb genießen konnten. »Leipziger Freiheit« nennen das westdeutsche Marketingstrategen. Davor hieß es: »Leipzig kommt«, doch mehr als den besten Sex in Deutschland hielt dieses Versprechen nie. Der neueste Slogan lautet deshalb – immerhin halbwegs ehrlich, weil nach unten offen: »Leipzig. The city with no limits.« Ein anderer träfe es auch: »Schnauze, Wessi!«

(Oktober 2010)

»Manche Menschen machen sich vor anderen
so klein wie möglich, um größer als diese zu bleiben.«
Christian Morgenstern

Das Duell der Dinkelkekse

Zweimal im Jahr ist der Fernsehabend im Eimer. Westdeutsche Eltern hören sich dann selber gern reden und liefern sich Kampfabstimmungen um Posten als Elternsprecher. Ein Elternabend.

Neben Beerdigungen und Dienstreisen nach Hamburg gehören für mich Elternabende zu den unvermeidlichen Terminen, die schon Tage vorher eine latente Grundübelkeit mit sich bringen. Bei uns kommt erschwerend hinzu, dass viele Eltern mit innerdeutschem Migrationshintergrund dieselbe Schule bevorzugen. Die Plätze sind knapp. Das allein scheint sie für bestimmte Leute noch attraktiver zu machen als der pädagogische oder gar christliche Hintergrund der Anstalt. Es ist eine Prestige-Frage – für uns natürlich nicht. Und selbst wenn die normale Wohngebietsschule direkt ins Gefängnis führt, wie auch wir uns seinerzeit von westdeutschen Zeitgeist-Magazinen einreden ließen, so kann der ständige Umgang mit ungezogenen ADS-Kindern und deren Eltern auch nicht schädlicher sein. Die Schule ist jedenfalls fest in ihrer Hand, wenn auch geografisch noch in Leipzig. Und so ähnlich wie die letzten Berliner in Neukölln bemühen sich inzwischen auch hier eher die Einheimischen um Integration.

Es fängt damit an, dass man nie genau weiß, ob man neben einer Mutter oder einer Oma sitzt, die laut plappernd einen Stuhlkreis »viel kommunikativer« fände als so einen »autoritären« Frontal-Elternabend. Seltsamerweise kommen mir westdeutsche Eltern von gleichaltrigen Kindern immer älter vor, als sie vielleicht sind. Umso infantiler wirkt das grauhaarige Streberschnipsen bei der Frage nach einem Protokollführer und der unbändige Drang, aus allem einen Wettbewerb zu machen: Ob es um den Kuchenbasar für die Erdbebenopfer geht oder um die meisten überflüssigen Fragen zur Klassenfahrt – an ihrem Benehmen auf Elternabenden sollt ihr sie erkennen.

Eigentlich bräuchte so eine Veranstaltung kaum mehr als eine Dreiviertelstunde: Klassenfahrt, Blumen für die alten Elternsprecher, Wahl der neuen, dann vielleicht noch TOP 4: »Sonstiges« – und jeder könnte wieder zu Hause auf dem Sofa verfolgen, wer Millionär wird. Aber nein: Noch vor der 50-Euro-Frage für die Klassenkasse beginnt die obligatorische Klagerunde über das Schulessen, einem ostdeutschen Standard, den sie aus ihrer Heimat im Zweifel gar nicht kennen. Dennoch gibt es – darauf kann man wetten – alle halbe Jahre wieder endlose Diskussionen, ob nicht doch noch ein zweites oder drittes vegetarisches Menu verlangt und der Verkauf von Schokolade am benachbarten Kiosk ein für alle Mal verboten werden sollte.

Nach der ersten Stunde beginnen einzelne Eltern, die Augen zu verdrehen. Meist sind es die, mit denen man schon bei der Einschulung instinktiv zusammengestanden hat, und – wie sich später herausstellte – mit deren Kindern die eigenen instinktiv befreundet sind. Es ist ein rätselhaftes Phänomen, das einem auch auf Partys, in Reisegruppen oder bei anderen gemischten Veranstaltungen immer wieder begegnet: Ein leiser Seufzer, ein vielsagender Blick, alles klar. Es hat nach 20 Jahren nichts mehr mit Mode und nur noch selten mit Dialekten zu tun: Wir fallen einander auf, weil wir nicht weiter auffallen, was den anderen vermutlich nicht mal auffällt, weil sie damit beschäftigt sind, aufzufallen. Kein Wort müssen die einen verlieren, um sich über die anderen einig zu sein: Wie die sich produzieren und genau wie ihr Nachwuchs den Ton in der Klasse angeben wollen. Wie sie die Verhaltensauffälligkeiten ihrer Kinder mit ihren eigenen vertuschen und sich notfalls über Mobbing beklagen, wenn das nicht allen gefällt.

Das ist nach der Schulspeisung ihr zweites Lieblingsthema: Offenbar finden die einheimischen Kinder einfache Mittel gegen die aufgeblasenen Angeber unter ihnen, schubsen sie beiseite oder schließen sie vom Spiel aus, wenn sie auf dem Schulhof die Attitüden ihrer Eltern nachahmen. Vielleicht ist es sogar das, was gern mit Fremdenfeindlichkeit verwechselt wird, sofern sie es nicht sowieso mit Neid abtun. Auf jeden Fall liegt es nie an ihnen selbst.

Wenn die Wunderkinder nicht still sitzen können, erklären das ihre Eltern gern mit Unterforderung. Bestätigt sich die Hochbegabung auch nach zehn Tests nicht, sind entweder die Ärzte zu blöd oder der kleine Prinz wird eben mit Medikamenten ruhig gestellt. Die Lehrer können noch so jung oder selbst aus dem Westen sein – in kaum einer Versammlung fehlt der Hinweis auf »alte Volksbildungsmethoden«. Überhaupt haben es ihre »kleinen Individualisten« in dieser immer noch von Zwangskollektivierung geprägten Gegend besonders schwer. Nicht einmal die Schulklasse kann man sich im Osten selbst zusammenstellen! Ohnehin reden sie lieber von der »Peergroup«, wünschen sich mehr »Corporate Identity« und wollen – offenbar aufgewiegelt vom plötzlichen Mut ihrer Landsleute in Stuttgart und Gorleben – die Benotung von Hausaufgaben wieder abschaffen. Gegen den angeblich zu harten Ost-Sportlehrer laufen ebenfalls Putsch-Pläne. Im Zweifel geht ein Rechtsanwalt aber auch ganz individuell gegen zu schlechte Noten vor, damit die kleinen Seelen nach einer »3« keinen Schaden nehmen.

Eine Mutter schlägt vor, sich doch auch mal nachmittags zu treffen, damit die jungen Erwachsenen dabei sein können und nicht immer nur über sie gesprochen werde. Das übliche demokratische Blendwerk. Als ginge es nicht vielmehr darum, den Vollzeit-Müttern die Langeweile bis zum Abendbrot zu vertreiben. Ihre Männer blockieren irgendeine Funktion in Justiz oder Verwaltung, für die ostdeutsche Bewerber auch nach 20 Jahren noch nicht geeignet sind. Die Ehefrauen suchen seitdem verzweifelt sozialen Anschluss in der fremden Stadt. Im Grunde ist so ein Elternabend neben der Putzfrau ihr einziger Kontakt zur einheimischen Bevölkerung. Ein gesellschaftlicher Höhepunkt wie der Opernball (siehe Seite 70) oder die Weihnachtsfeier der Lions-Frauen, nur dass sie da wenigstens unter sich bleiben.

»Spontan« – sie nennen das wirklich so – erklärt sich eine andere Mutter bereit, Dinkelkekse zu backen, »natürlich glutenfrei«, als wäre das nicht ohnehin selbstverständlich. Einem engagierten Vater fällt daraufhin ein, dass man doch bitte auch zur Klassenfahrt an laktosefreie Milch denken möge. Er selbst könne übrigens ein wenig zaubern und sich vorstellen ...

Dies wäre der Moment für ein ehrliches »Schnauze, Wessi« – aber das würde die Sache auch nicht verkürzen. Der »5b-Spielenachmittag mit Eltern«, so das Protokoll, klingt schon in der Brainstorming-Phase wie die Höchststrafe für Fünftklässler und geistig normal entwickelte Erwachsene. Zu Hause läuft indessen die Miete weiter und mit *Frauentausch* meine Lieblingsserie über westdeutsche Assi-Familien. Da meldet sich ausnahmsweise auch mal eine Leipziger Mutter zu Wort und gibt leise zu bedenken, dass vielleicht ein paar Eltern arbeiten müssten, sie selbst zum Beispiel bis 20 Uhr in der Kaufhalle. Was für ein läppischer Einwand! Er wird nicht einmal ignoriert.

Stattdessen zählen die anderen nun im Detail auf, an welchen Tagen ihre Kinder nicht können – wegen Yoga, Spanisch-Konversation und Cello bei Professor Sound-so. Bis ich begreife, dass es gar nicht mehr darum geht, sich auf einen Nachmittag zu einigen, seufze ich wohl einmal zu laut. »Und«, fragt meine Nachbarin, die Cello-Mama, prompt: »Was spielt ihrer so?« Dabei lächelt sie, jedenfalls lächelt ihr Mund. Und alle Mitbewerber um das meist-verplante Kind der Klasse schauen ebenfalls angespannt zu mir.

Erst denke ich an Lego, doch dann fällt mir noch etwas Besseres ein: »Meiner spielt Gameboy«, sage ich, »Meisterklasse bei Professor Nintendo.« Alle schweigen ein paar Sekunden peinlich berührt, aber danach können wir endlich die neuen Elternsprecher wählen. Wie jedes Mal halten sich die einen auch dabei nach Kräften zurück, weil jedes Amt, jede Wortmeldung, jeder unüberlegte Schritt aus der Reihe nach ihrer Diktatur-Erfahrung immer noch einen fiesen Beigeschmack hat. Die anderen lauschen verzückt der eigenen Bewerbung, liefern sich Kampfabstimmungen und am Ende verliert die Cello-Mama knapp gegen einen Landsmann aus Niedersachsen. Sie beißt die Zähne zusammen und gratuliert dem neuen Elternsprecher lauter als nötig. »War nur der Väter-Bonus«, tröste ich sie, »nächstes Schuljahr, neues Glück!« Und ich fürchte, sie findet mich nun ganz nett.

(November 2010)

»Der Sozialismus ist die beste Prophylaxe.«
Losung vor einer Poliklinik in Zwickau, 1983

Der Westen macht krank

Allergien, Depressionen, Demenz – seit 20 Jahren breiten sich in Ost-Deutschland seltsame Krankheiten aus. Eine Anamnese.

Noch schlapp vom letzten Sprint aufs Klo frage ich mich, wo dieses Virus wieder herkommt. Der Wirkung nach könnte es aus Darmstadt sein, wo ich letzte Woche tatsächlich war. Oder habe ich es mir beim Elternabend (siehe Seite 76) eingefangen, wo eine gewisse Diskussions-Diarrhö grassierte? War es womöglich mein zweitbester Freund Ludger (siehe Seite 35), der einen dreimal täglich mit Handschlag begrüßt, um seine wahre Herkunft zu verschleiern? Und plötzlich sehen meine fiebernden Augen die Dinge klar wie nie: Es ist der Westen, der einen krank macht – eine einzige Seuche.

Bis 1989 kannte ich zum Beispiel nur einen einzigen Menschen mit Heuschnupfen. Er war vom Sport befreit, benutzte riesige Stofftaschentücher, und obwohl er die stets mit dramatischer Geste aus der Hosentasche wedelte, steckte er keinen von uns an. Es blieb eine rätselhafte Krankheit, immer nah am Simulantentum, aber als ihn das ewige Geniese dann wirklich vor der Volksarmee bewahrte, genoss er auch jede Menge Neid und Respekt.

Heute muss keiner mehr zur Armee, dafür klagt jeder dritte Deutsche über Atemwegsallergien. Mit denen, die empfindlich auf Nahrungsmittel, Medikamente oder Insektengift reagieren, unter Kontaktallergien und Neurodermitis leiden, kommt die Statistik locker auf 50 Prozent der Bevölkerung. Es gibt inzwischen sogar Tage, da höre ich mich öfter »Gesundheit« sagen als »Schnauze, Wessi«. Und das kann, bei aller Freude über 20 Jahre Deutsche Einheit, auch nicht gesund sein.

Niemand in der Planwirtschaft kannte Burn-out-Syndrome, außer vielleicht die Planwirtschaft selbst. Mal einen Tripper, okay. Aber AIDS, ADS oder ADHS? Wo kommen auf einmal diese ganzen rätselhaften Defizite an Abwehrkraft, Aufmerksamkeit und der Gelassenheit her, mal eine ruhige Kugel oder hin und wieder eine Nummer in der Mittagspause zu schieben? Gar nicht zu reden von Rückenschmerzen, die mir persönlich vor 20 Jahren auch noch völlig fremd waren. Inzwischen sitze ich auf einem sinnlos teuren, orthopädisch ausgefeilten Stuhl, habe den aufrechten Gang verinnerlicht und gelernt, dass Rückgrat heute auch nicht immer gefragt ist. Trotzdem spüre ich die Ausbeuter jeden Abend im Kreuz.

Auch wir hörten in den 80er-Jahren gern traurige Musik, waren oft betrunken oder beides und vögelten vielleicht mehr als heute, mit Mitte 40. Trotzdem benutzte kein Mensch Viagra, und niemand kam auf die Idee, ganz normale Massenphänomene wie Sexsucht, Alkoholismus oder Depressionen immer gleich als »Volkskrankheit« abzustempeln. Dabei nahm die DDR, einmal abgesehen von Gegenden nördlich des Polarkreises oder etwa Ost-Westfalen, sicher einen Spitzenplatz unter den deprimierenden Orten dieser Welt ein.

Nur damit das klar ist: Ich möchte keinesfalls die DDR-Zahnarztbohrer, andere Verbrechen des Regimes oder gar die Menschenversuche westdeutscher Pharmakonzerne an ahnungslosen Zonis relativieren. Aber seltsam ist es schon, was für seltsame Krankheiten hier neuerdings wüten.

Plötzlich bekommen Freunde in meinem Alter einen Herzinfarkt und ihre Kinder ein Attest, weil sie nicht auf Anhieb richtig lesen und schreiben können. Nach Angaben der Vereinten Nationen geht die Zahl der HIV-Infektionen weltweit zurück, aber im Osten Deutschlands steigt sie weiter. Etliche Landsleute sterben immer noch in viel zu schnellen Autos, andere in Afghanistan. Manche reden den ganzen Tag von bisher unbekannten Krankheiten wie Anthroposophie, Antriebs- und Langzeitarbeitslosigkeit. Bei einigen Frauen überlagern sich diese Symptome sogar – dann machen sie eine Heilpraktikerausbildung. Mit jedem jungen Republikflüchtling steigen prozentual die Demenzerkrankungen. Viele

Menschen sind so traurig, dass sie ihr Leben in Demokratie und Freiheit am liebsten für immer vergessen würden. Andere wiederum haben vergessen, wie traurig es vorher war.

Dass im Westen an jeder Ecke eine Apotheke leuchtet, hat mich schon 1989 irritiert. Trotzdem lassen sich die vielen neuen Beschwerden nicht allein mit der pharmazeutischen Gier, der vor allem im Osten wachsenden Armut oder einem gewissen Nachholbedarf an Drogen erklären. Was ist passiert, dass Kinder nur noch unter Medikamenten still sitzen, während sich ihre Eltern totarbeiten oder vor dem Fernseher auf die nächste Hartz-IV-Spritze warten? War an den Warnungen vor dem kranken Imperialismus am Ende mehr dran, als der robuste Menschenverstand eines gesunden DDR-Bürgers wahrhaben wollte? Freiheit ist ansteckend, hochinfektiös! Ein mutierter Erreger, auf den unser Immunsystem nicht vorbereitet war. War das gleich mitgelieferte Breitband-Wundermittel Demokratie vielleicht auch nur ein Placebo? Ergeht es uns wie diesen Urwaldstämmen, die ab und zu mit Glasperlen oder Fernsehgeräten aus dem Amazonas gelockt werden, bevor sie an fremden Zivilisationskrankheiten zu Grunde gehen?

Wissenschaftler rätseln seit 20 Jahren, warum es in der DDR kaum Allergiker gab, sich aber gerade diese Zahl schneller nivelliert als die Löhne oder etwa der Bevölkerungsanteil der Angeber. Manche Studien schieben es auf fehlende Nahrungsmittelzusätze. Darauf, dass es im Gemüseladen der HO nur einheimische Äpfel gab, Erdbeeren zur Erdbeerzeit und auch sonst kaum Fast-, Fix- und Fertig-Food in der Kaufhalle. Mit anderen Worten: Weil in der DDR im Großen und Ganzen gesünder gegessen wurde. Eine Studie versuchte sogar, die bessere Allergieabwehr mit dem höheren Butterkonsum zu erklären, im Gegensatz zu den ernährungsbewussten Margarine-Schmierern im Westen. Aber auch diese Hypothese half nicht weiter. DDR-Kindern tränten die Augen vielleicht wegen der Luftverschmutzung und weil sie kein Nutella bekamen, aber nicht wegen Haselnussallergien. Weil es in den Bruchbuden überall zog, fanden Hausstaubmilben kein gemütliches Zuhause. Der ständige Industrienebel hat unsere Schleimhäute abgehärtet, die ständigen Infekte aus der Kinderkrippe unser Immunsystem. Dagegen hatten harmlose Allergene wie Birkenpollen keine Chance, und nach der so genannten Hygienehypothese hatte es offenbar auch Vorteile, dass kaum jemand einsam bei Müttern aufwuchs, die immer schon alles mit Sagrotan poliert hatten, bevor es ihre Kleinen in den Mund nehmen durften. Heute dagegen gibt es unter allergischen Kindern und Jugendlichen fast keine Unterschiede mehr. Wenigstens bei den Krankheiten klappt es also mit der deutschen Einheit. Ost-Kinder – das kann man im Rückblick ruhig auch mal wertfrei konstatieren – waren arm, aber gesund. Nun sind sie arm und krank.

Als Hauptgrund für diese Entwicklung benennen Experten immer wieder – na bitte – den »westlichen Lebensstil«, was immer das jenseits von Wehleidigkeit und

Pharma-Interessen bedeutet. Letztlich wird es sein wie in der Rüstungsindustrie: Wer massenhaft Wegwerftaschentücher produziert, muss auch dafür sorgen, dass sie irgendwann mal benutzt werden. Ab und zu braucht man eine Epidemie – Schweinegrippen, Vogelgrippen, nur nicht Kinderkrippen für alle. Das würde der Allergie-Industrie schaden. Dafür vertragen Kinder plötzlich keine Milch mehr.

Niemand hat diese versteckten Kosten der Deutschen Einheit je beziffert. Am Ende wird man sie auch den Ostdeutschen anlasten, obwohl sie nur für den Aufschwung der westdeutschen Gesundheitsindustrie sorgen. Auch deshalb und natürlich aus Gründen der Quarantäne sollte man Westdeutschen vorsichtshalber nicht mehr die Hand geben. Möglicherweise sind sie selbst die aggressivsten Allergene für uns. Ich jedenfalls bekomme sofort Pickel, wenn ich wieder mal den Kopf zu spät zurückziehe und eine mir eigentlich fremde Kollegin Küsschen andeutet. Es sind vergiftete Judasküsse, nichts weiter. Oder eine Kontaktallergie?

(Dezember 2010)

»Fremdsein ist ein gewaltiges Handwerk,
das Fleiß und Fertigkeit erfordert.«
Franz Werfel, Zwischen oben und unten

Integration für Neu-Neu-Bundesländler

Sie wissen nicht, warum sich in der ehemals volkseigenen Kantine keiner neben Sie setzt? Sie halten das für Mobbing und leiden unter Heimweh nach Düsseldorf? Lassen Sie sich helfen! Ein Schnellkurs.

Wer in Leipzig einen Integrationskurs besuchen will, so belehrt mich der zuständige Referatsleiter Stojan G., muss erst seine Berechtigung dafür nachweisen. »Da Sie aber als gebürtiger Leipziger und Journalist sicher über ›ausreichende deutsche Sprachkenntnisse verfügen‹ – so der Terminus technicus – sehe ich für Sie persönlich schlechte Chancen.« Es war ein Missverständnis, trotz beidseitig »ausreichender Sprachkenntnisse«, denn eigentlich dachte ich bei der Frage nach dem nächsten Lehrgang eher an meinen zweitbesten Freund Ludger aus dem Münsterland. Ich wusste auch nicht, dass es in diesen Kursen offenbar nur um Grammatik und Vokabeln geht, nicht um Landeskunde oder andere Bedürfnisse innerdeutscher Migranten. Dabei leiden auch diese Menschen oft unter Isolation und entsprechenden Verhaltensauffälligkeiten. Also bitte – wegen der großen Nachfrage in den westdeutschen Parallelgesellschaften ostdeutscher Städte und Gemeinden – heute ein Schnellkurs für unsere neuen Mitbürgerinnen und Mitbürger (Aufbau-Tagesseminare schon ab 4.999,- Euro p.W.):

Lektion 1. Überlegen Sie es sich noch einmal ganz genau!

Wartet man dort wirklich auf Sie – oder locken doch nur Karriere, angeblich geringere Lebenshaltungskosten, Abenteuerlust, Geltungssucht oder andere bizarre Neigungen wie etwa ein politisches Münchhausen-Stellvertreter-Syndrom? Bei nur einem »Ja« bleiben Sie zu Hause!

Lektion 2. Wenn es trotzdem sein muss, pendeln Sie lieber!

Übernachten Sie »unter der Woche« in einem der zahlreichen westdeutsch geführten Hotels und fahren Sie mit Ihren beamteten Landsleuten Donnerstagmittag wieder heim. Fernbeziehungen erhalten die Neugier und schonen auf beiden Seiten Nerven. Sollte das Ihr Budget in der 1. Klasse nicht hergeben oder der Drang unstillbar werden, »richtig« hier zu leben – suchen Sie sich eine überteuerte Wohnung in bevorzugter Lage. Dort treffen Sie genug Nachbarn mit wertvollen Tipps, wo man sonst noch am besten unter sich bleibt. Vergessen

Sie auch bei den kleinsten Widrigkeiten nie: Es gibt immer ein Zurück!

Lektion 3. Nähern Sie sich Eingeborenen rücksichtsvoll!

Und nicht wie von zu Hause gewohnt mit lautem Ego-Gepolter. Sprechen Sie niemanden gleich im ersten Satz auf seine Stasivergangenheit oder Ihre persönlichen Opfer beim Aufbau Ost an. Vermeiden Sie überschwängliches Lob für Anpassungsleistungen und frisch sanierte Fassaden, denn damit haben meistens nur Ihre eigenen Landsleute das Steuergeld abgeschrieben, von dem Sie glauben, es sei im Osten versickert.

Lektion 4. Verwechseln Sie »Guten Tag« nicht mit Freundschaft!

Selbst eine Einladung zum Grillen in den Schrebergärten mitleidiger Kollegen heißt noch gar nichts. Freundschaft braucht hier etwas mehr Anlauf als einen Facebook-Klick oder die Vorspeise mit so genannten Geschäftsfreunden. Wahrscheinlich werden einheimische Freunde für Sie persönlich gar kein Thema sein, über das Sie sich hier den Kopf zerbrechen müssen.

Lektion 5. Biedern Sie sich trotzdem nie an!

Kaum etwas macht ehemalige DDR-Bürger misstrauischer als Heuchelei, übertriebenes Interesse für angebliche Folklore-Rituale wie etwa Gruppensexorgien im Plattenbau-Partykeller oder unangemessene Fragen nach der Höhe ihrer Hartz-IV-Aufstockung, erst recht dann, wenn sie womöglich für Ihre Firma unter Tarif arbeiten. Um Eingeborenen auf Augenhöhe zu begegnen, beugen Sie sich auf keinen Fall herab – nicht einmal in Gedanken. Es reicht völlig, wenn Sie sich überall so benehmen wie ein deutscher Außenminister bei seinem Antrittsbesuch in Yad Vashem.

Lektion 6. Versuchen Sie es gar nicht erst mit Umerziehung!

Falls Sie sich in eine so genannte, meist von westdeutschen Neonazis ausgerufene »national befreite Zone« verirren, belehren Sie die einheimischen Pappnasen nicht darüber, was Sie für Toleranz halten. Es könnte sein, dass man Sie allein aufgrund Ihres Dialekts für den neuen Anführer hält. Bitte auch nicht streicheln, füttern oder um Gnade winseln. Verschaffen Sie sich Respekt und nennen Sie den Anführer eine feige Schwuchtel – zu 94 Prozent werden Sie Recht behalten! (Achtung: Statistische Schwankungen möglich.)

Lektion 7. Kaufen Sie keine einheimischen Produkte!

Jede Kaufhalle (Wenn Sie jetzt fragen, was das ist, beginnen Sie am besten noch mal mit Lektion 1.) bietet genug Auswahl an Marken, die Ihnen geläufig sind oder Ihre abgestumpften Geschmacksnerven nicht verunsichern. Wenn Sie einmal Nudossi auf dem Brötchen hatten, sind Sie für die Konkurrenz für immer verloren. Bleiben Sie am besten auch gleich bei den aufgeblasenen Brötchen der Besatzer-Back-Ketten. So geht Ihnen bei längeren Aufenthalten die eigene heiße Luft nicht aus. Lassen Sie sich notfalls Westpakete schicken.

Lektion 8. Erschrecken Sie nicht über Herzlichkeiten!

Wenn Ihnen eine für Ihre Verhältnisse viel zu junge, zu hübsche und ungewohnt selbstbewusste Frau schöne Augen macht, liegt das nicht an Ihnen, Ihrer Ausstrahlung oder gar Ihrer Mundart, sondern höchstens an Ihrer protzigen Uhr. Halten Sie Bargeld für den brutalen Freund des Mädchens bereit, der spätestens am nächsten Morgen eine Entschädigung verlangt. Zur Vertiefung: Hemmungslose Orgien in Plattenbaukellern gibt es nicht mehr.

Lektion 9. Verzweifeln Sie nicht bei Verständigungsfragen!

Im Zweifel lauschen Sie genau auf den Tonfall der fremden Laute und achten stets auf den Gesichtsausdruck des Eingeborenen. Ist er grimmig oder bewaffnet, lamentieren Sie nicht lange herum. Seien Sie bei Verabredungen immer eine Stunde früher da, dann kommen sie auch noch pünktlich, wenn Sie sich »Viertel nach Eins« notiert haben. Verstehen Sie nach mehrfachen höflichen Nachfragen immer noch: Scherdsch Heeme, Du Vohchl! – dann scheren Sie sich nicht darum, sondern am besten heim!

Lektion 10. Bleiben Sie überhaupt nicht länger als nötig!

Wenn Sie selbst oder Ihre Firma genug eingesackt haben oder das gesellschaftliche Leben unter Ihresgleichen im Exil keine weitere Anerkennung verspricht – zögern Sie auch im Interesse Ihrer Kinder nicht, das Experiment zu beenden. Das neue Staatsbürgerschaftsrecht, nach dem sich Einwanderer mit Volljährigkeit für eine Nationalität entscheiden können – die fremde oder die ihrer Eltern –, gilt hier nicht. Und wenn Sie wieder zu Hause sind: Seien Sie ehrlich, prahlen Sie nicht mit Überlebenstipps für den Dschungel, sondern warnen Sie Ihre Landsleute vor ähnlichen Fehlentscheidungen.

Herzlichen Glückwunsch! Bonus und Gewinn

Wenn Sie jetzt noch die Zusatzaufgabe lösen, nehmen Sie an der Verlosung von je 3 mal 2 Prozent Rabatt für unser Aufbau-Seminar teil: Transkribieren Sie die Worte »ШНАУЏЕ ВЕССИ!« zurück ins Deutsche! Sprechen Sie die Worte zehnmal nach und teilen Sie all diese Ratschläge mit Freunden – wenn Sie keine richtigen haben, notfalls auch auf Facebook. Viel Erfolg!

(Februar 2011)

»Das ist mehr, als die Welt zu seh'n.
Das Gefühl, aus sich rauszugeh'n.«
Aus der Robinson-Club-Hymne

Das Robinson-Regime

Westdeutsche pflegen viele seltsame Bräuche. Neben Faschings-Exzessen und dem größten Massenbesäufnis der Welt gehören auch so genannte Club-Reisen dazu. Eine Expedition.

Ab und zu – wer will ihm das verübeln? – möchte auch der Westdeutsche mal ein anderer sein. Dann feiert er Junggesellenabschied im Puff, lässt in Lederhosen die Sau raus oder grölt mit einer Narrenkappe auf dem Kopf, was er sich sonst nicht traut. Je nach Region trinkt er dazu Bier aus viel zu kleinen oder großen Gläsern. Es darf geschunkelt werden und auch mal etwas derber zugehen, zotig gar oder politisch keck, sofern es sich halbwegs auf »Gartenzwerg« reimt. Vor allem aber geht es darum, möglichst schnell hackedicht zu sein, was hinterher als Entschuldigung für jede Art moralischer und ästhetischer Entgleisung gilt. Da nehmen sich

Karnevals-Kanaillen und Oktoberfest-Vandalen wenig. Noch schlimmer – ich war also gewarnt – treiben sie es nur im Club-Urlaub, all inclusive.

Um nicht lange rumzueiern, wie es trotzdem dazu kam, lasse ich das einfach weg. Vor Nachbarn rechtfertigte ich die kurzfristige Buchung damit, dass Nordkorea für eine Woche zu weit sei. Mir selbst redete ich es als Bildungsreise schön. Für Hobby-Ethnologen aus den kultivierten Bundesländern können solche Veranstaltungen – wenn auch nicht immer eine Bereicherung – durchaus aufschlussreich sein. Nur zur Tarnung nahm ich meine Familie mit. Und nun, wie peinlich, kommen wir beinahe begeistert wieder heim.

So einen Club, liebe Landsleute in den besetzten Gebieten, müsst Ihr Euch vorstellen wie ein Pionierferienlager für die ganze Familie. Als Urlaub von Selbstbestimmung, Eigenverantwortung und allem, was die vorgebliche Freiheit sonst noch so anstrengend macht. Im Grunde die Fortsetzung der DDR bei schönem Wetter. Niemand muss dafür nach Kuba fliegen oder die Zeit zurückdrehen: Eine Woche Robinson auf Fuerteventura reicht völlig.

An Bord des Billigfliegers, zwischen lauter aufdringlichen Familien aus Düsseldorf, merkt man das nicht gleich. Sie scheinen eigentlich First Class gebucht zu haben, meckern über dies und jenes, und als der Stewart eine Reihe vor uns zwei Kinder, die lediglich »Cola« verlangt haben, nach dem »Zauberwort« fragt, wissen die gar nicht, was er will: »Mit Eis?«, raten sie. »Coca, Pepsi, keine Ahnung ...« Ihr Papa hilft ihnen – und dem frechen Stewart – auf die Sprünge. Sein Zauberwort heißt: »Aber plötzlich!«

Erst am Band der Gepäckausgabe beginnt die Verwandlung. Auf einmal drängeln alle, als hätte Genscher eben vom Balkon der Prager Botschaft ihre Ausreise verkündet. Sie schleudern sich gegenseitig Hartschalenkoffer in die Weichteile, im Bus kommt es fast zu einer Schlägerei. Und als wir nach einer Stunde Fahrt durch die karge, kanarische Transit-Zone ein streng bewachtes Tor passieren, zucken auch wir unwillkürlich zusammen.

Dahinter wimmelt es von Schergen in blauen Uniformen, die sofort mit der Gleichschaltung beginnen. Schon auf dem Weg zum Quartier grüßen uns mindestens zehn von ihnen derart überschwänglich, dass es Menschen mit Diktatur-Erfahrung wohlige Schauer über den Rücken treibt. Wie sie darauf achten, dass jeder zurücklächelt. Ihre perfide Ideologie verbergen sie nicht mal, und das süße Gift wirkt bei denen, die hier schon länger interniert sind. Vom kollektiven Grinsen benebelt wanken sie zwischen Pool und Kantine hin und her – zufriedene Zonen-Zombies, ferngesteuert, alles nach Plan. Selten habe ich mich unter Westdeutschen so schnell zu Hause gefühlt.

Bei einer Art Tanz-Appell führen die Funktionäre vor, was sie auch von uns erwarten, nämlich »aus sich rauszugehen«. Das – so ihre Hymne – sei »mehr, als die Welt zu sehen.« Ganz ähnlich wurde einem schon früher erklärt, warum die Welt an der Ostsee endet. Zu den Standards der klassischen Gehirnwäsche gehört natürlich auch, dass die Agitatoren alle »Robin« heißen; ebenso die permanente Wiederholung von Sinnlos-Parolen, bis selbst »Wir sind so Robinson« kaum noch albern klingt. Als »Philosophie« gar wird die Nötigung verkauft, wildfremde Menschen zu duzen wie alte Genossen. Danach wehrt man sich auch nicht mehr gegen die Indoktrinierung der Kinder.

Von früh bis spät werden sie betreut und täglich mit Sprechchören auf Linie gebracht. Statt »Seid bereit« rufen die Pionierleiter in FDJ-blauen T-Shirts: »Maxis, Maxis, was wollt ihr?« Und zackig folgt das Echo: »Spaß und Action wollen wir!« Ihre Eltern stört das nicht, im Gegenteil: Erfahrene Club-Urlauber scheinen genau das zu lieben, was sie sonst überheblich verteufeln: Gruppenzwang und Gesinnungsterror, ein abgeschirmtes Leben hinter Zäunen. Wahrscheinlich wären die meisten Westdeutschen sogar die besseren DDR-Bürger gewesen.

Wie damals gibt es eigentlich immer genug zu essen. Am Buffet aber tun alle so, als könnte die Lebensmittelversorgung jederzeit zusammenbrechen. Schon deshalb traut sich keiner weiter vom Gelände als bis zum Strand. Wäre ja schade um jeden Cent, dieses wunderbare Umsonst-Gefühl beim Flatrate-Saufen. Wer weiß außerdem, was einen da draußen erwartet? Womöglich hungrige Afrikaner in löchrigen Booten? Die Angst, im Zweifel könnte es einem noch schlechter gehen, war für Diktaturen schon immer eine verlässliche Stütze. Gleich nach

Brot und Spielen, zu denen sich die Eifrigsten schon im Morgengrauen in der Wellness-Oase versammeln.

Auf wackligen Yoga-Beinen begrüßen sie die Sonne. Verbissen, ja disziplinierter als beim Frühsport der Nationalen Volksarmee. Überhaupt stehen Westdeutsche offenbar auch im Urlaub auf Wettbewerb und Show. Ständig werden Club-Meister ermittelt. Jeder Saunaaufguss wie ein Event gefeiert. Der tägliche Höhepunkt aber ist der Auftritt einer dicken Plüsch-Robbe namens »Robby«, die Mambo tanzt wie Achim Menzel. Selbst Väter können sich dem Personenkult nicht entziehen, singen »Uhlala« und tanzen mit der Videokamera im Arm selbstvergessen mit. Stundenlang könnte ich dem grotesken Treiben von der Bar aus zusehen, wenn mich nicht prompt ein Robin ermahnen würde, ob alles in Ordnung sei.

Mit mir?! – »Ja«, sagt er und fragt, ob ich vielleicht Lust auf lustige Poolspiele oder »Jekami« hätte. – Worauf? – »Auf Jekami – jeder kann mitmachen.« Dunkel erinnere ich mich an eine Kindersendung im DDR-Fernsehen. *Mach mit, mach's nach, mach's besser!* hieß die, und »Adi« nannte sich der Animateur – ein »verdienter Meister des Sports«. Manches, denke ich, verdrängt man zu Recht. Dann wird mir schlecht.

Das immerhin lässt der Robin gelten. Zwar stehen – angeblich »auf Wunsch der Gäste« – überall Desinfektionsmittel rum. Tatsächlich aber wird der Keim wie ein Staatsgeheimnis gehütet, der etliche Urlauber ans Klo fesselt. Niemand soll hinterher sagen, er habe sich für mehrere tausend Euro Durchfall geholt. Und auch das gehört wohl zur Psychodynamik, mit der westdeutsche Experten sonst gern den Zusammenhalt in der DDR erklären: Nach ein paar Tagen wird nur noch hinter vorgehaltener Hand über solche Dinge geklagt. Dass man die Tennisbälle neuerdings kaufen müsse, dass Ameisenstraßen über Kopfkissen führen und früher überhaupt alles besser war. In der Not rückt man eben zusammen, leider auch an unserem Tisch.

»Und wo kommt Ihr her?« Aus Leipzig. »Ach was! Schon lange?« Eigentlich – wir wollen nur ehrlich sein – von Anfang an. Da nicken sie anerkennend: »Ist ja mutig – gleich nach 1990? Also wirklich ...«

Es ist immer wieder ein Schock, wenn sie einen dermaßen hartnäckig für ihresgleichen halten. Andererseits – unsere eigene Schuld – ist es natürlich auch schwer vermittelbar, dass Leute freiwillig unter Bedingungen Urlaub machen, unter denen sie früher so schwer gelitten haben wollen. Also feiern wir mit den letzten Überlebenden der westdeutschen Mittelschicht noch ein paar unbeschwerte Tage Sozial-Fasching: Sie verkleiden sich als Tennis-Profis, wir gehen als Westdeutsche – nichts leichter als das. Man muss nur seine Teller genau so voll schaufeln wie sie, das Wort »Konsum« auf der zweiten Silbe betonen und darf nicht lachen, wenn sie beim »Indoor-Cycling« mal richtig aus sich rausgehen – auf einem Hometrainer 4000 Kilometer von zu Hause. Dies nur, falls wir mal wieder über alte Umweltsünden im Osten reden: Schnauze, Wessi!

(März 2011)

> *»What if the democracy we thought we were serving*
> *no longer exists,*
> *and the Republic has become the*
> *very evil we've been fighting to destroy?«*
> Padmé Amidala, Star Wars III, Revenge of the Sith

Die Urne ist der Sarg der Demokratie

Wahlen im Osten galten für Politik und Medien schon immer als Lotterie. Nun setzt sich langsam auch im Westen die einzig wählbare Partei durch, die nie enttäuscht: Keine. Eine Wahlanalyse.

Da rätseln sie wieder: Sind knapp 53 Prozent Wahlbeteiligung in Sachsen-Anhalt nun gut, weil besser als zuletzt 44, oder immer noch schlecht? Gingen am Ende doch mehr Leute aus Angst vor Erdbeben in Japan wählen oder nur davor, der globale Westen könnte bei demokratischem Fehlverhalten nach Tripolis auch wieder mal Magdeburg bombardieren? Wollten sie wirklich den Einzug der NPD in den Landtag verhindern oder eher den der FDP? Es ist doch immer wieder eine Freude, wenn westdeutsche Wahlforscher, Wahrsager und andere Sterndeuter ihre Mutmaßungen über den mutmaßlichen Willen der mutmaßlichen Brüder und Schwestern im Osten anstellen.

Politiker und Journalisten tun dann so, als sei es eine Art Staats- oder Wahlgeheimnis, dass die Mehrheit mit dem parlamentarischen Getue ihrer Besatzer noch nie viel anfangen konnte. Ein paar westdeutsche Ost-Experten wie etwa Klaus Schröder vom *Forschungsverbund SED-Staat* fürchten sogar völlig zu Recht eine »Demokratieentfremdung«, die auch unter marktwirtschaftlich geborenen Erstwählern wächst. Manche Ältere gehen trotzdem noch hin, weil der Kandidat ihr Nachbar ist oder niemand den zugezogenen Gegenkandidaten leiden kann. Und sicher können sich auch ein paar ewig Gestrige dem heimlichen Zwang nicht entziehen, der heute im Westen fast so verbreitet ist wie seinerzeit unter Honecker: Dem so genannten Urnengang als Bürgerpflicht. Im Osten gilt das sonst höchstens noch für Beerdigungen, weil sich kaum noch jemand einen Sarg leisten kann.

Seit 20 Jahren nehmen aufgeklärte Ostdeutsche weder an »Super-Wahljahren« teil, noch teilen sie die inszenierte Spannung von »Wahlkämpfen«, mit der sich Westdeutsche alle paar Jahre vom Klassenkampf ablenken lassen. Lange wurden sie dafür als Demokratieverächter verachtet. Läppische Prozentzahlen galten als Gradmesser ihrer Assimilation. Verwählten sich doch mal ein paar, hätte man die falsche Partei am liebsten gleich verboten. Und natürlich vergaßen die neuen Staatsbürgerkunde-Lehrer aus dem Westen in ihrer Empörung gern, dass die NPD lange vor ihren lächerlichen Auftritten in Dresden und Schwerin auch schon in den

Landtagen von Hessen, Bayern, Bremen, Rheinland-Pfalz, Niedersachsen und Schleswig-Holstein saß. Statt alle Ergebnisse im Osten ehrlicherweise zu halbieren und den vielen Nichtwählern zu danken, die sich anders entschieden haben, sollten die sich auch noch dafür schämen. Demokratie: Note sechs. Nachsitzen!

In Wahrheit war der Osten nur einmal mehr Vorreiter einer Bewegung, als sich im Westen noch niemand vor selbstgerechten »Wutbürgern« oder »Piraten« gruselte und Politikredakteure »Ansichten eines Nichtwählers« als bürgerlichen Ungehorsam ausgaben. Das stille Nein hat hierzulande Tradition. Die reicht bis vor 1989 zurück, zumindest bei etwa einem Prozent, wenn man mal die gefälschten Statistiken der DDR zu Grunde legt. Und damals wurden renitente Leute noch von Wahlhelfern zu Hause besucht oder schon schief angeschaut, wenn sie nur die Wahlkabine benutzten.

Heute fühlen sich die gleichen Menschen von westdeutschen Medien zur Wahl gegängelt. Auch deshalb sagen sie in Umfragen lieber einmal zu viel Nein als noch einmal zu wenig. Das wirkt dann, als würden sie sich inzwischen mehr mit der DDR identifizieren als damals. Dabei wehren sie sich nur auf ihre Art gegen jeden neuen Versuch, wieder zu den einzig richtigen Antworten erzogen zu werden. Sobald ein Bekenntnis verlangt wird wie früher von der SED-Propaganda, werden sie misstrauisch. Was soll ein voll arbeitender Leiharbeiter auch über seine materielle Zufriedenheit sagen, wenn er nicht davon leben kann? Oder auf die dümmlichste

Formulierung von allen, ob jemand »im Westen angekommen« sei – je nachdem, wie sehr er sich inzwischen
wieder in Anpassung übt? Wir wollten das Volk sein,
nicht mehr folgsam. Warum also wählen – und vor allem wen?

Die meisten Ostdeutschen sind alt genug, um noch
zu wissen, wer hinter der Linken steckt, aber auch mit
80 noch zu jung für die CDU. Sie sind weder reich noch
blöd genug für die FDP, denn wer keine Steuern zahlt,
braucht auch keine leeren Steuerversprechen. Niemand
hat vergessen, welche Parteien zuerst damit anfingen,
wieder in zweifelhafte Kriege zu ziehen, und gleichzeitig die passende Rekrutierungskampagne »Hartz IV«
für die »ostdeutsche Unterschichten«-Armee (Michael
Wolffsohn) ausriefen. Und wer oder was soll eigentlich
heute noch Bündnis 90 an den Grünen sein?

Also bitte, Ihr gutgläubigen Menschen in Rheinland-
Württemberg oder wie das heißt: Dies ist kein Wahl-
aufruf – es sei denn, Ihr wolltet hingehen. Nehmt Euch
ausnahmsweise mal ein Beispiel an uns! Es gibt nicht
nur die Wahl zwischen Pest und Cholera, zwischen gro-
ßer Koalition und kleinstem gemeinsamen Nenner, Urne
oder Sarg. Man kann an diesem Sonntag auch einfach
zu Hause bleiben, etwas im Garten machen oder mit
den Kindern. Dann ärgert Ihr Euch hinterher wenigstens
nicht. Wahlen – das lehrt die Erfahrung bis 1933 ebenso
wie vor und nach ´89 – ändern, bedeuten oder verhindern gar nichts. Die Urne ist der Sarg der Demokratie.

War nicht eine klare Mehrheit seit Jahren für den Atomausstieg, als Eure verstrahlte Regierung die Laufzeiten verlängerte, bis die eigenen Maßstäbe in atemberaubender Halbwertszeit zerfielen? Waren nicht 80 Prozent gegen eine Rechtschreibreform, bis sich alle genauso schnell daran gewöhnten wie an tote Soldaten eines Krieges, den die Mehrheit auch nie wollte? Habt Ihr das Märchen vom Euro wirklich geglaubt? Oder das von irgendwelchen »Märkten«, die Billionen davon in Luft auflösen? Hat man Euch überhaupt mal gefragt, ob Ihr mit uns wiedervereinigt werden wolltet? Hingegangen, mitgehangen. Verwählt. Hinterher könnt Ihr ja Facebook-Gruppen gründen und ein wenig demonstrieren? Meine Güte, Stuttgart 21 – wir haben einen ganzen Polizeistaat ohne Wahl abgewählt!

Leider reicht auch unsere Kraft nur für einen Umsturz alle 50 Jahre, und so regt sich hier niemand mehr groß auf, wenn ein sinnloser Eisenbahn-Tunnel unter Leipzig gegraben wird. Wir dulden sogar einen Oberbürgermeister, der bei einer Wahlbeteiligung von 31,7 Prozent mit 51,6 Prozent gewählt wurde. Wer aus dem Siegerland stammt, fühlt sich auch so, wenn ihn eigentlich nur 16 Prozent wollten. In Baden-Württemberg reicht die gleiche Quote sogar, um Ministerpräsident zu werden. Das heißt aber auch: 84 von 100 Wahlberechtigten wollten weder unseren Bürgermeister noch den Regierungschef in Stuttgart. Ist das die Demokratie, die Ihr meint? Mehr echte Anhänger hatten auch Honecker oder Gaddafi nie. Aber egal: Selbst wenn unser Tunnel nun mit einer

Milliarde das Doppelte kostet als geplant – solange das meiste Geld dafür aus dem Westen kommt ...

Was ich damit sagen will: Ostdeutsche wissen Demokratie und Freiheit sehr wohl zu schätzen – oder was diese Begriffe bedeuten könnten. Anfangs fühlte sich das sogar richtig wertvoll an, weil wir nichts vom geografischen Zufall oder den Siegern des Weltkrieges geschenkt bekamen. Auch deshalb gehen wir nicht so leichtfertig mit unseren Stimmen um – und behalten sie lieber für uns. Ein bisschen ist das wie mit der Meinungsfreiheit. Vielleicht solltet Ihr das auch mal probieren? In diesem Sinne: Schnauze, Wessi!

(März 2011)

»Man kann im Rahmen des Grundgesetzes
wunderbar den Kapitalismus überwinden –
und mehr als das wollen wir auch nicht.«
Sahra Wagenknecht

Kinderarbeit und Aldi-Enten

Zu den vielen Gemeinheiten im Umgang mit Westdeutschen
gehört der Quatsch, den sie sich allzu gern erzählen lassen.
Ob Gruselgeschichten von früher oder Aufbau-Ost-Exzesse
heute – sie glauben alles. Ein Geständnis.

Leider komme ich derzeit kaum zum Schreiben. Ich
reiße Tag und Nacht Tüten mit gefrorenen Enten auf,
von Aldi, Lidl – ganz egal. Damit bestücke ich parallel
drei Mikrowellen, wickele die Viecher in Zeitungspapier
und schäme mich auch ein wenig für den Preis, den mir
Westdeutsche an geheimen Treffpunkten für die toten
Vögel bezahlen.

Es ist kein schlechtes Geschäft – leider alles schwarz,
aber die Gesetze der Marktwirtschaft zwingen mich
dazu. Die Nachfrage reißt einfach nicht ab, seit eine
Freundin von uns im Advent spontan ihre neue Kollegin vom MDR zu einem Essen bei uns zu Hause mit-

brachte. Das ist in Ostdeutschland nach wie vor üblich, auch wenn sich schnell herausstellte, dass die fremde Mitesserin solche Gepflogenheiten gerade erst kennen lernte. Aus Mangel an Gesprächsstoff lobte sie unablässig unser geschmortes Kaninchen und brachte mich schließlich mit der Feststellung in Verlegenheit, dass man artgerechte Haltung eben doch schmecke. Unsere artgerechte Freundin verdrehte entschuldigend die Augen. Ich murmelte etwas vom Schwager auf dem Land und wich Nachfragen aus, was die neue Leipzigerin offenbar als Beleg für eine besonders wertvolle Nahrungsquelle nahm. Jedenfalls klingelte schon zwei Tage später das Telefon. Jemand hätte gehört ... Ob es stimme ... Man kenne sich noch nicht so aus ... Die Dialekte waren eindeutig, ebenso die Bettelei, dazugehören zu wollen – wozu auch immer. Aber umso konspirativer ich versuchte, MDR-Redakteure und deren mitgebrachte Ehefrauen abzuwimmeln, desto mehr verbreitete sich das Gerücht in diesen Kreisen.

In meiner Not fragte ich einen Bauern auf dem Wochenmarkt, bei dem sie am Wochenende alle mit ihren Weidenkörbchen vorbeistolzieren. Der sah mich lange prüfend an, dann grinste er und nahm mich mit in seine Bude. Unter der Theke, dreister ging es kaum, lagen Kartoffelnetze aus dem Supermarkt, daneben eine Babywanne mit feuchter Erde. Er zeigte mir, wie man die Kartoffeln darin wendet, und verriet mir auch noch den Trick mit seinen Bio-Enten. Es ist nicht ganz fair, aber so ist das nun mal in der Betrüger-Marktwirtschaft:

Seitdem hat der gutgläubige Ex-LPG-Bauer Konkurrenz. Und meine Kunden, nun ja, sind auch begeistert.

Dass Westdeutsche jeden Scheiß für bare Münze nehmen, gehört zu den erschütternden Erfahrungen nach der so genannten Wiedervereinigung. In den ersten Jahren konnte man sie noch mit halbwegs wahren Geschichten über das unmenschliche Leben in der DDR beeindrucken, traurig meistens, klar, manchmal auch lustig, FKK und so weiter. Schau mal an, die Zonis – staunten sie dann – hatten doch auch so was Ähnliches wie Alltag. Hörten Radio und schleuderten ihre Wäsche (beides elektrisch), ernährten sich zwar ausschließlich von sauren Gurken und süßem Sekt, aber putzten sich hinterher sogar die Zähne – mit Zahnpasta. Alle Achtung!

Bei einem Vorstellungsgespräch Anfang der neunziger Jahre fragte mich mal ein einschüchternd legendärer Chefredakteur in Hamburg, was ich von den Wahlergebnissen der PDS halte, die seinerzeit für seinesgleichen noch echt schockierend waren. Ich wusste damals schon, dass man im Westen nicht lange nachdenken und vor allem nicht stottern darf, wenn man keine Ahnung hat, und antwortete entschieden: Nichts. Alles nur Trotz, ein Strohfeuer, bald kein Thema mehr. Die Antwort gefiel ihm, vielleicht auch nur mein Stakkato. Aber seitdem war mir klar: Man kann Westdeutschen alles erzählen, es muss nur halbwegs in ihr Weltbild passen und zum Beispiel so teuer sein wie eine handgerupfte Bio-Ente, dann schmeckt sie auch so.

Irgendwann war über Kaffeeersatz und Schlangestehen dennoch alles erzählt. Allein die Geschichte vom Trabi, den jede Ost-Oma zur Geburt der Enkel bestellte, damit er rechtzeitig zum Führerschein lieferbar war, wollten sie immer wieder hören und protestierten, wenn man das mit ihren Bausparverträgen verglich. Es mangelte an neuen Mangellegenden. Wir mussten die Dosis erhöhen. Eine Zeitlang gefielen mir noch ihre großen Augen, wenn ich beiläufig die Kerben erwähnte, die wir für jeden Abschuss an der Grenze in den Stahlschaft der Kalaschnikow schnitzten. Auch nahm ich die Russen gern in Schutz, in deren Kaserne zwar jede Woche eine junge Frau abzuliefern war – aber nicht unbedingt Jungfrauen, schließlich seien das auch keine Unmenschen gewesen.

Wenn es nicht Tierquälerei wäre, könnte man ihnen immer neue Bären dieser Art aufbinden. Das Verheerende ist allerdings, dass sie das Meiste davon nicht nur glauben, sondern auch weitererzählen. Selbst wenn man hinterher »Spaß beiseite« sagt – eines Tages lernen den Quatsch unsere eigenen Kinder in der Schule. Denn natürlich sind auch die Lehrpläne und Schulbuchverlage für die besetzten Gebiete fest in ihrer Hand.

Dass wir mit unseren Schülerhänden Lampen für sie zusammenbauen mussten, steht da natürlich nicht drin. Weil dabei auch ab und zu eine verschwand, empfanden wir das als Privileg. So stand es immerhin auch auf den Lampen – und war doch nur Kinderarbeit für den Westen, Zwangsarbeit für den Quelle-Versand. Da fällt mir ein: Vielleicht gibt es ja für Kindersklaven der DDR noch irgendwo eine gesamtdeutsche Opferrente abzusahnen?

Das ist überhaupt der Trend beim Veralbern von Westdeutschen: Wie wir sie ausnutzen und gleichzeitig ihr schönes Gemeinwesen verachten. Man muss nur mal schreiben, die Urne sei der Sarg der Demokratie (siehe Seite 100), schon jaulen sie auf. Das ist fast so wirkungsvoll wie haarsträubende Geschichten über verschwendete Aufbau-Millionen, die zwar meistens zurück in den Westen sickern – aber das kann man ja weglassen.

Im letzten Urlaub, den wir uns gewissermaßen als Nebenerwerbsbauern verdienten, staunten ein paar zwanghaft redselige Handtuchnachbarn, wieso unsere schulpflichtigen Kinder im Februar zwei Wochen frei haben. So was wie Winterferien kannten sie nicht. Ich erklärte schnell, dass die neuen Bundesländer zwei Wochen schulfrei extra bekämen, seit sie regelmäßig Pisa-Spitzenreiter sind. Die fremden Landsleute nickten beflissen, als hätten sie eine ähnlich dumme Frage wie ihre Enkel in Nordrhein-Westfalen gestellt, und meine Frau setzte noch einen drauf: Mit Hartz IV sei das auch für die Eltern kein Problem – wir hätten ja ohnehin immer frei. Danach schwiegen sie mit offenen Mündern, und man konnte daher die Frage förmlich auf ihren Zungen liegen sehen, wie wir uns solche Reisen überhaupt leisten könnten? Dafür, erfuhren sie, gebe es doch diesen Sonderfonds im Solidarpakt Elf: »Kraft durch Ferien« für ostdeutsche Familien, jährlich 2000 Euro pro Person.

Und bei der Gelegenheit bedankten wir uns selbstverständlich auch noch einmal persönlich dafür.

Zur Not gehen aber auch Stasigeschichten immer noch ganz gut, von Wanzen in Südfrüchten zum Beispiel, oder wie wir in der Schule über das Fernsehverhalten unserer Eltern ausgehorcht wurden, nämlich mit der heimtückischen Frage, ob die Uhr vor den Nachrichten Punkte oder Striche hat. Die Online-Überwachung steckte sozusagen noch in Kinderschuhen. Aber richtig laut lacht darüber seit der Schäuble-Doktrin auch im Westen niemand mehr.

Mit der ganzen Ambivalenz der DDR oder den Überlebensstrategien in einer Diktatur konnten sie ohnehin nie viel anfangen. Dabei hätten sie so viel lernen, wiedererkennen und selbst gebrauchen können. Lieber beömmeln sie sich weiter über Zonen-Gabi, die in Wahrheit auch nur eine Frau aus Worms war und noch vor kurzem der *Süddeutschen Zeitung* verriet, dass sie ihre Schnee-Jeansjacke immer noch trägt.

Mehr als die halbe Wahrheit vertragen Westdeutsche leider nicht. Deshalb lassen sie sich auch so gut und gerne foppen, schließlich sind sie das untereinander nicht anders gewöhnt. Die Rente ist sicher. Die Atomkraft ist sicher. Da glaubt man irgendwann auch, dass alte Ost-Turnschuhe cool sind. Bei Manufactum – das ist für meine besten Enten-Kunden etwa das, was für ihre Eltern der Quelle-Katalog war – gibt es gerade einen Nachbau der fiesen Treter für 236 Euro. So gesehen hole ich mit meinen Bio-Enten nur zurück, was mir für die Quelle-Lampen zusteht, und muss mich auch für die 50 Euro pro Stück nicht genieren. Gerade hat es wieder »Kling« gemacht. Ich muss die Mikrowellen füttern. Ein Stress! Soll noch mal einer sagen, Ostdeutsche hätten keinen Unternehmergeist. Dann sage ich – wie immer: Schnauze!

(April 2011)

»Ich war gerne in der FDJ.«
Angela Merkel

System-Streber-Gene

Plötzlich mäkeln alle an Angela Merkel rum. Sogar an Erich Honecker fühlen sich ehemalige Fans im Westen erinnert. Dort reibt man sich die Augen – hier nicht. Eine DNA-Analyse.

Über meinem Schreibtisch hängt ein Bild der Kanzlerin. Nicht etwa, weil sie die Wand mehr schmücken würde als ein Porträt des schönsten Bundespräsidenten aller Zeiten oder mein Arbeitszimmer eine Art Amtsstube wäre wie bei vielen Kollegen im öffentlich-rechtlichen Staatsfunk. Das gerahmte Foto hat weder mit politischen noch mit sexuellen Vorlieben zu tun und schon gar nicht mit irgendeinem diffusen Stolz darauf, dass ein Ost-Broiler nun schon seit fünf Jahren – es kommt einem länger vor, oder? – ganz Deutschland regiert. Im Gegenteil: Es hängt dort zur Mahnung, was passieren kann, wenn man nicht schon in frühen Jahren ein wenig auf Charakterhygiene achtet.

Die junge Angela, auf dem Foto knapp 18 Jahre alt, lächelt gequält. Es ist der Tag ihrer Zeugnisausgabe, und weil sie die sozialistische Volksbildung mit lauter Einsen absolvierte, hat man ihr die Lessingmedaille verliehen. Dafür kann sie nichts. Die habe ich auch bekommen. Aber so, wie sie guckt, ahnt sie vielleicht doch schon, wie das eines Tages wirken könnte, wenn eine Pfarrerstochter dafür über ihren weißen Rollkragenpullover aus dem West-Paket extra noch ein FDJ-Hemd zieht. Die »kühle Strategin«, »Physikerin der Politik«, oder was ihr westdeutsche Bewunderer später noch andichten werden, fühlt sich offensichtlich nicht ganz wohl darin. Dennoch hat sie sich tapfer für die Uniform der SED-Kampfreserve entschieden.

Es mag nur ein Indiz sein, ein kleiner Schritt zu viel. Eine Lappalie für den modernen Opportunisten von heute. Und doch erklärt das blaue Hemd selbst auf dem alten Schwarz-Weiß-Foto immer noch mehr als alle ratlosen Kommentare über voreilige Bekenntnisse zu westdeutschen Lügenbaronen, vorauseilende Zugeständnisse an westdeutsche Energiekonzerne oder vorchristliche Schadenfreude, wenn der globale Westen einem kranken, unbewaffneten Opa in Pakistan ein Auge aus dem Kopf schießt.

Das FDJ-Hemd war an diesem Tag sicher gern gesehen, aber auch nicht unbedingt nötig. Mit den Zensuren im Sack gehörte nicht mal Mut dazu, etwas anderes, halbwegs Feierliches anzuziehen. Mein Konfirmationsanzug zum Beispiel war über den Schuhen schon ziemlich kurz. Trotzdem haben sie mir die blöde Medaille auch dort angesteckt – und heute bin ich froh, dass es von mir keine Fotos im FDJ-Hemd gibt.

Vermutlich werde ich deshalb auch nie Bundeskanzler, Chefredakteur oder Elternsprecher. Mir fehlen die nötigen System-Streber-Gene. Westdeutschen Gut-und-Böse-Fundamentalisten fehlen dafür oft die Antennen für Leute, die sich vor lauter Strategie und Berechnung eben auch mal strategisch verrechnen. Nach Jahren der vorauseilenden Verehrung schreiben sie nun plötzlich vorzeitige Nachrufe auf die Kanzlerin oder fühlen sich wie die Schriftstellerin und Merkel-Wählerin Cora Stephan gar an Honecker erinnert. Dem ist wenig zu entgegnen, außer: An wen denn sonst?

Funktionäre funktionieren in jedem System. Das spricht auch nicht gerade für dieses. In der DDR war der Balanceakt zwischen den Erwartungen der Lebenslaufverwalter und der persönlichen Schmerzgrenze dabei vielleicht noch etwas folgenreicher als heute, wenn ich meinem Chef aus dem Westen – da kommen sie leider alle her – ehrlich sage, was ich denke. Auf jeden Fall, aber das können Westdeutsche nicht wissen, musste eine über 30 Jahre alte Physikerin nach dem Studium nicht zwangsläufig immer noch Funktionen in der FDJ ausüben. Man musste überhaupt viel weniger, als wir alle damals glaubten – und heute gern als Ausrede benutzen.

Man konnte zum Beispiel auch ein guter Lehrer sein, ohne von Kollegen einen »festen Klassenstandpunkt« zu fordern, wie es der spätere Ministerpräsident von Thüringen tat, lange bevor er sich nach seinem Skiunfall einen besser bezahlten Job als Auto-Lobbyist suchte. Man musste auch nicht unbedingt Karriere beim Rat des Kreises machen wie der heutige Ministerpräsident von Sachsen, der dafür noch im Sommer 1989 Floskeln wie »zu Ehren des 12. Parteitages der SED« benutzte. Manchmal bin ich nicht mal sicher, ob das Motto dieser Kolumne deshalb auch einem Muster-Wendehals wie Stanislaw Tillich zusteht.

»Ich habe es satt, mir von Leuten aus dem Westen mein Leben erklären zu lassen«, polterte er, als in seinem Lebenslauf immer neue Schummeleien auftauchten. Dabei muss ihm das im Westen eigentlich nicht mal peinlich sein. Solange es nur um die Karriere ging, versteht das dort jeder. Von den eigenen Leuten allerdings, die mit seiner Biografie kurz nach dem – Achtung: böses altes Wort – Anschluss keinen Job als Pförtner in einem staatlichen Kindergarten bekommen hätten, muss er sich schon mal fragen lassen, ob er nicht seit Jahren unter extremen Nackenschmerzen leidet.

Wahrscheinlich nicht: Es sind schmerzfreie Menschen, die immer auf der richtigen Seite stehen oder schnell die Seite wechseln, wenn die Seiten wechseln. Seltsamerweise haben sie es auf jeder Seite leicht, auch und gerade in den letzten 20 Jahren. Oder muss man sagen: Bezeichnenderweise?

Immer noch fliegen ständig Stasi-Zuträger auf, die sich nach 1990 offenbar besonders gut als Präsidenten von Industrie- und Handelskammern eigneten. Etliche

SED-Genossen traten in die CDU ein und sind heute Polizeipräsidenten, Innenminister oder Landräte. Aus den Strebern im alten System wurden so die Musterschüler des neuen. Sie lassen hier ein bisschen Vergangenheit weg, lügen sich dort ein bisschen Mut in die Tasche, weil sie 1989 auch mal bei einer Montagsdemo im Westfernsehen zugeschaut haben. Einmal deformiert passten sie sich wieder bis zur Selbstverleugnung an. Im Persil-Weiß-Westen war das egal. Dort galt ein neues CDU-Parteibuch schon einmal automatisch als Entnazifizierungs-Urkunde.

Ohne Ehrgeiz und Opportunismus dieser Art lässt sich offenbar kein Staat machen, und so ist es nur konsequent, dass Honeckers alter Protokollchef der Volkskammer heute von Politikern aller Parteien für seine geschmeidige Herzlichkeit geschätzt wird, mit der er sie im Berliner Café Einstein platziert. Dass der Futtermittel-Panscher aus dem letzten Eier-Skandal bis 1989 als IM Pluto den Osten mit seinen Berichten vergiftete, bevor er in Niedersachsen mit Dioxin weitermachte. Dass sich ein Stasi-Spitzel der Nachrichtenagentur ADN – nach Einschätzung seiner Führungsoffiziere »äußerst eifrig und initiativreich« – mit diesen Talenten auch nach 1990 als Chefredakteur und Verleger von Glamour-Zeitschriften bis zum »Medienmann des Jahres 2003« durchschlagen konnte ...

Ich weiß: Sonst wird an dieser Stelle gern über westdeutsche Postenjäger geklagt, die sich hierzulande immer noch auf wundersame Weise reproduzieren. Aber gerade die haben mit ihren Pendants aus dem Osten kaum Probleme. Es scheint einen bestimmten Menschenschlag zu geben, der ausnahmsweise mal nichts mit Herkunft zu tun hat, und hier wie da – die Guttenberg-Blase zeigt es einmal mehr – offenbar kaum unbelastete Leute, die sich beruflich mit Politik beschäftigen mögen. In Brandenburg regieren Stasi-Spitzel sogar wieder mit, und das demokratische Geschrei darüber hat sich schnell gelegt.

Also bitte: Wieso müssen dann ihre ehemaligen Kollegen ihre Kompetenzen bei der Überwachung von Lidl-Mitarbeitern verschwenden? Kann die nicht der Innenminister – ach so, inzwischen Kriegsminister – gebrauchen? Vater de Maizière – offenbar auch so eine System-Streber-Familie – bekam schließlich auch die Kurve vom Generalstab der Wehrmacht zur Bundeswehr. Können nicht ein paar schießwütige Grenztruppen-Offiziere auf Schnellbooten im Mittelmeer afrikanische Wirtschaftsflüchtlinge jagen? Und was ist mit Margot Honecker als Familienministerin? Hat die nicht mehr Erfahrung mit Kita-Plätzen und Vollbeschäftigung als die letzte Volksbildungs- und jetzige Arbeitsministerin? In Zensurfragen finden Margot, Angela und Ursula sicher auch schnell zueinander.

Als die Mutigsten 1989 noch verprügelt und vom Studium ausgeschlossen wurden, organisierte Angela Merkel das Kulturleben ihrer FDJ-Gruppe. Als die Mauer fiel, saß sie angeblich in der Sauna. Nur deshalb hatte sie gerade kein FDJ-Hemd an und darf sich nun neben der Lessingmedaille auch mit der »Freiheitsmedaille des US-Präsidenten« schmücken. Dabei sein, aber nicht so richtig; immer mal abtauchen, aber rechtzeitig wieder da sein, wenn der Wind dreht – das sind Begabungen, mit denen man jedes Regime überlebt und es in manchen sogar bis zum Regierungschef schafft. Frau Merkels Abschlussarbeit in Marxismus-Leninismus, die eigentlich zur Promotion gehörte, gilt seitdem als verschollen. Vermutlich hat sie die selbst geschrieben. Ihre Stasi-Akten darf auch niemand lesen. Dafür legt sie wert darauf, dass man ihren Vornamen nicht auf der zweiten Silbe betont, wie im Osten verbreitet, sondern auf der ersten wie bei Erika. Mir persönlich würde schon reichen, wenn sie noch mal zugibt, dass sie »gerne in der FDJ« war, so wie sie es Anfang der neunziger Jahre schon einmal Günter Gaus im Fernsehen anvertraute. Dann könnte man – unter feinsinniger Anspielung auf ihren Geburtsort Hamburg – endlich auch mal zur Bundeskanzlerin sagen: Schnauze, Wessi!

(Mai 2011)

> *»Leute mit verschiedenen Sprachen müssen eben streiten,*
> *wenn sie so dumm sind, miteinander sprechen zu wollen.«*
>
> Fritz Mauthner

Asoziale Ärztehäuser –
ein Langenscheidt »Ost-West«

An Broiler oder »Arbeitgeber« für »Ausbeuter« haben sich
fast alle gewöhnt. Trotzdem hapert es immer noch mit der
deutsch-deutschen Verständigung. Wo bleibt das Ost-West-
Wörterbuch?

Für jeden Unsinn gibt es neuerdings diese kleinen
gelben Wörterbücher. Sie heißen »Frau-Deutsch«, »Kat-
ze-Deutsch« oder »Politik-Deutsch« und stehen im Buch-
laden in der Ecke für notdürftige Witz-Buch-Geschenke.
Tiefenpsychologen wie der geborene West-Berliner
Mario Barth erklären darin, was Frauen wirklich wollen, wenn sie Nein sagen; Überzeugungsakrobaten wie
Maybrit Illner – früher SED, heute ZDF – übersetzen die
Sprache der Politik. Im wahren Leben aber reden wahrscheinlich selbst diese beiden ausgewiesenen Unterhal-
tungskünstler aneinander vorbei. Denn eines fehlt nach
wie vor: Der Langenscheidt Ost-West-Deutsch.

»Weil Sprachen verbinden«, so der Verlags-Slogan, kann es nach 20 unverbindlichen Jahren natürlich nicht mehr um Kaufhalle oder Supermarkt gehen, um Kosmonauten, Broiler und diesen ganzen Ampelmännchen-Mist. Auch die verlässlichsten »Stereotypen« (Angeber-Westdeutsch für Vorurteile) vom herzlichen Landsmann hier und dem Wichtigtuer dort sollten weitgehend verinnerlicht sein. Das Wörterbuch müsste sich vielmehr an die Fortgeschrittenen unter den Missverstehern und Missverstandenen wenden: An die ewigen Aufbauhelfer in Dresden oder Schwerin zum Beispiel, die indessen nicht mal mehr »zwischen den Jahren« nach Hause fahren, weil sie gemerkt haben, dass man sie in Baden oder Westfalen selbst »zwischen den Tagen« nicht vermisst. Auf der anderen Seite natürlich an die vielen Straßenbahnfahrer und Krankenschwestern in der bayrischen Diaspora, die in ihrer Heimat tatsächlich fehlen. An Fachleute in der Immobilienwirtschaft hier und in der Altenpflege dort. An Journalisten, die immer noch das SED-Wort »Wende« benutzen. An Politiker, Lehrer, aber auch Eltern, deren Kinder Adverbien wie »voll«, »übelst« oder »geil« gedankenlos vermischen, als hätte nicht auch der jugendliche Elativ (wer nur ein westdeutsches Abitur hat, schlägt das bitte nach!) zeithistorische Grenzen, die es einzuhalten gilt.

Etliche Seiten bräuchte das Buch allein für Begriffe, die zwar das Gleiche meinen, aber Unterschiede vorgaukeln: »FDJ-Funktionäre« etwa, die genauso als »Bundeskanzler« funktionieren (siehe Seite 113). Institutionen wie das »Elternaktiv«, die »Cellophantüte« oder die so genannte »Pressefreiheit«. Dass auch im »öffentlich-rechtlichen Rundfunk« das richtige Parteibuch zählt, war für naive Ostdeutsche wie mich ein Schock. Oder nehmen wir *Jugend forscht*, im Westen seit 1965 die Nachahmung der *Messe der Meister von Morgen*. Den landesweiten Streber-Wettbewerb gab es in der DDR (1958) nicht nur eher. Sogar das Signet – schauen Sie sich die beiden verzerrten Sterne bei Gelegenheit mal an – scheint ein Plagiat zu sein. Wenn »Jugend für Olympia trainiert« ist das nichts anderes als die bewährte *Kinder- und Jugend-Spartakiade*. Nur kümmert sich nicht mehr der »Deutsche Turn- und Sport-Bund (DTSB)« um besondere Talente, sondern – ohne »T« – der »DSB«. Das »Turnen« im Namen lässt man weg, damit besorgte Eltern nicht immer gleich an antörnende Substanzen denken. Sogar beim offiziellen Staats-Doping gab es feine Unterschiede: »Unterstützende Mittel« hieß es hier, »Leistungsstei-gernde Wirkstoffe« heißt es im Westen bis heute.

Mit der Sprache ist es wie überall: Während sich der vereinigte Westdeutsche gerade mal ein paar neue Postleitzahlen merken musste, pauken die Menschen in den besetzten Ländern immer noch Vokabeln. Nicht alle sind so einprägsam wie »Mehrwert« statt »Profit«. Die gute alte »Bastelstraße« blähte sich zum »Markt der Möglichkeiten« auf. Selbst scheinbar einfache Wörter wie »Fortschritt« stiften nach wie vor Verwirrung: Im Westen ein lupenreines Synonym für »Wachstum«, hatte es in meiner Muttersprache etwas mit dem zu tun, wozu man heute gern die Phrase von der »sozialen Gerechtigkeit« bemüht. Was hierzulande »angeben« heißt, bedeutet dort lediglich »zeigen, was man hat«. »Egoisten« nennt man im Westen »Individualisten«. Statt »asozial« sagen sie »neoliberal«. Ehemalige Tugenden unserer noch einsprachigen Urgroßeltern wie »Zurückhaltung« oder »Bescheidenheit« kennen sie gar nicht mehr oder übersetzen entsprechendes Verhalten ihrer fremden Landsleute fälschlich mit »verdruckst« oder »Unsicherheit«. Insofern wäre »Ostdeutsch-Westdeutsch« auch eine Art Fremdwörterbuch.

Echten Nutzwert – etwa für ostdeutsche Hooligans in westdeutschen Kleinstädten oder westdeutsche Studenten an ostdeutschen Unis – brächte das Werk allerdings erst, wenn es nicht nur synonyme Begriffe alphabethisch auflistet, sondern typische Kommunikationsfallen zu vermeiden hilft. Denn häufig bedeuten selbst scheinbar schlichte Schimpfwörter wie »Wessi« mehr als nur »Arschloch«. Was früher ein »Timur-Helfer« war, kann man nicht automatisch mit »Ein-Euro-Jobber« übersetzen. Ein »Ärztehaus« dagegen ist nichts weiter als eine »Poliklinik«, die 10 Euro Eintritt verlangt (200 Mark!). »Patenbrigaden« gibt es auch wieder, allerdings macht das moderne Sozialmarketing eine Initiative *Schule – Betrieb* daraus, was wiederum seltsam ostdeutsch klingt. Aus »gesellschaftlicher Arbeit« wurde »Ehrenamt«. Oft sind die neuen Wörter noch verwirrend, aber wir haben in der Schule eben auch viel marxistischen Quatsch gelernt.

Bis 1989 war in unseren Geschichtsbüchern beispielsweise noch von »Sklavenhaltern« die Rede, heute steht einfach »Personaldienstleister« an deren Bürotür. Hinter der halbwegs ehrlichen Abkürzung »KIM« (Kombinat Industrielle Mast), das wusste jeder, verbargen sich Geflügelfabriken. Heute steht *Wiesenhof* auf den Viechern in der Tiefkühltruhe, als hätten sie vorher ein sorgenfreies Hartz-IV-Leben geführt wie wir. »Einmarsch«, »Überfall« oder »Invasion«, wie das im Westen zu sowjetischen Zeiten in Afghanistan noch hieß, fasst man als »kriegsähnlichen Hilfseinsatz« zusammen. Statt in »ESP«, der »Einführung in die sozialistische Produktion«, bereiten sich Schüler und Studenten heutzutage in so genannten »Praktika« auf weitere Jahre unbezahlter Arbeit nach der Ausbildung vor. Wer dabei im Büro etwas »ablichtet« statt »fotokopiert«, muss nur aufpassen, dass er wegen seiner ethnischen Herkunft keine Nachteile erfährt. Und Obacht: »Bewährung in der Produktion« wird heute gern als »Zielvereinbarung« im »Mitarbeitergespräch« verharmlost.

Richtig schwierig wird es allerdings erst, wenn vertraute Redewendungen das Gegenteil meinen. Kündigt etwa ein Westdeutscher seine Heimreise an, wünscht man ihm in der Regel von Herzen »gute Reise«. Trotzdem sorgt das auf beiden Seiten für ein gewisses Unbehagen. Wie haben die das gemeint? Kommt er vielleicht wieder? Reden wir jetzt schon zwischen den Zeilen aneinander vorbei? Innerdeutscher Subtext ist immer riskant und fängt schon mit der Frage an, »wie es so geht«.

Ostdeutsche möchten dann wissen, wie es so geht. Auf Westdeutsch dagegen bedeutet die gleiche Frage: »Sag jetzt nichts, ich will von mir erzählen.«

Habe ich das fehlende Wörterbuch weiter oben »Westdeutsch-Ostdeutsch« genannt? Da sieht man mal, wie degeneriert wir schon sind. Natürlich muss es »Westdeutsch-Deutsch« lauten. Die wissen ja nicht mal, dass »Schnauze« Schnauze heißt – und nicht: »Schreib einen Kommentar!« Also bitte, Langenscheidt, Beeilung! Alle anderen sprechen es noch einmal nach: Schnauze!

(Mai 2011)

*»Der nahe wilde Osten, geschändet bis aufs Blut –
erst lebenslänglich Zukunft, dann pfänden wir die Wut.«*
Heinz Rudolf Kunze, Verraten und Verkauft, 1992

Liebe nahe Ossis

Bis 1989 waren wir noch der Feind. Seitdem lässt der globale
Westler seine Neurosen an Euch aus. Eine Entschuldigung.

Liebe Araber, Nordafrikaner, Muslime – liebe nahe
Ossis! Das schlechte Gewissen plagt mich schon länger,
aber erst seit ahnungslose Westdeutsche die blutigen Unruhen in Ägypten, Libyen und Hamburg-Billstedt ständig
mit unserer viel zu friedlichen Revolution vergleichen, ist
mir vollends klar, was wir Euch damals angetan haben.

Mit dem Ostblock verlor der Westen 1989 seinen wichtigsten Feind. Heute tut er zwar so, als hätte er den kalten
Krieg aus eigener Kraft gewonnen – so wie er die Opposition bei Euch schon immer heimlich unterstützt hat. Als
hätte er die Mauer eingerissen und Geschäfte mit Dikta-
toren stets nur zum Schein getrieben. Aber letztlich, da
können sie die Geschichte drehen, wie sie wollen, bleibt
es unsere Schuld, dass Ihr seitdem an allem Schuld seid.

Das, sollt Ihr wissen, tut uns leid. Das wollten wir nicht! Wer konnte auch ahnen, dass Ihr die Nächsten seid? Dass die selbsternannte Erste Welt immer eine Zweite braucht, um sich wirtschaftlich und moralisch überlegen zu fühlen. Irgendeine Gefahr, Kommunisten oder Terroristen, Gurken oder Schurken. Als Abschreckung für die eigenen Leute, zur Selbstbestätigung und für die Grundversorgung des Abendlandes mit Angst.

Die ersten zehn Jahre danach wusste keiner mehr, vor wem man sich nun fürchten sollte. Gegen wen wettrüsten? Wohin klugscheißen? China war schon damals zu mächtig, um sich wegen ein paar verschwundenen Künstlern mit dem Reich der Mitte – wer ist dort eigentlich Osten? – anzulegen. Der russische Bär tanzt seitdem selbstvergessen zu *American Boy*. Irak und Jugoslawien boten sich lediglich als Übergangslösung an, bis 2001 endlich wieder ein ernstzunehmender Gegner auftrat: 19 Männer gegen die USA, ein paar Irre gegen den Westen an sich. Aber immerhin – wahrscheinlich, vermutlich, jedenfalls mutmaßlicher als mutig – Muslime.

Nach allem, was man weiß oder wissen soll, kannten sie sich mit Flugzeugen, im Koran und in Hamburg ganz gut aus und schreckten auch vor tausendfachem Mord nicht zurück. Spätestens danach nahm der schleichende Übergang vom Ost- zum Islam-Bashing offizielle Züge an. Der neue Feind war überall und nirgends, bedrohlich, aber gerade noch beherrschbar – nahezu perfekt für die paranoiden Bedürfnisse des Westens.

Uns müsst Ihr nicht erklären, wie sich das anfühlt:

mit durchgeknallten Massenmördern in einem Topf. Wie schwer man da wieder rauskommt – vor allem, wenn man kein Musterschüler ist. Wir kennen das alles, den tadelnden Zeigefinger nach 1945. Sein überhebliches Wohlwollen 1989. Nicht zuletzt das Ende aller Träume, das der Westen selbstgefällig »im Westen ankommen« nennt. Und während sie bei Euch noch am Live-Ticker mitfiebern, mit vielen guten Ratschlägen und ein paar Bomben ihre so genannten »westlichen Werte« vermitteln, können wir nur unser Mitgefühl und einige nicht ganz so wertvolle Erfahrungen mit Euch teilen.

Auch wir wollten das Volk sein, aber der Westen braucht nur Verbraucher. Auch unsere Anführer trugen lange Bärte und Kutten und waren ihm nie ganz geheuer, bis man alle rasiert und auf traurigen Posten ruhiggestellt hatte. Auch wir haben dem Westen vor allem durch Massenflucht zugesetzt und dachten immer, sie hätten auch nur zwei Arme wie wir. Aber sie haben mindestens sechs: Sie können sie gleichzeitig ausbreiten, ablehnend verschränken und sich dabei noch hinterm Rücken die Hände reiben. Auch wir wollten einmal so leben wie sie. Aber sie wollten nur, dass wir so leben, wie sie es *wollen*. Vor allem nicht ganz so gut. Das nennen sie Integration.

Lasst Euch also nichts erzählen von Recht und Freiheit! Sie meinen nur ihr Recht auf Öl und Eure Freiheit, zwischen zwei Cola-Sorten zu wählen. Schwärmen sie vom »Arabischen Frühling«, fürchten sie allenfalls den eigenen Herbst. Bevor man Hilfe verspricht, beim

Aufbau-Ost oder in Libyen, haut man erst mal alles klein. Der Westen exportiert alles, Waffen, Werte, ganz egal. Ob dabei der Ölpreis explodiert oder die Kosten der deutschen Einheit – einer gewinnt immer. Das nennt er Politik.

Eben noch rangelten westliche Konzerne um Bohrlizenzen in Libyen. Nun betanken sie die Bomber für die Flurbereinigung. Eben empfing man die Mubaraks und Honeckers dieser Welt noch mit militärischen Ehren, gewährte Milliardenkredite oder stattete Folterkollegen in Tunesien und Jordanien mit deutscher Polizei-Technik aus. Doch auf einmal werden resozialisierte Terroristen wie Gaddafi nicht mehr zu G-8-Gipfeln oder zum Camping nach Paris eingeladen. Eben hat man ihn noch mit Waffen ausgerüstet und entrüstet sich nun, wenn er die auch benutzt. Eben noch drückten »lupenreine Demokraten« wie Berlusconi oder Gerhard Schröder beide Augen zu; Guido Westerwelle richtete dem Revolutionsführer warme Grüße der Kanzlerin aus. Jetzt bringt er den neuen Revolutionsführern Medikamente mit. Meist sind es ehemalige Funktionäre, vielleicht sogar die künftigen Schurken – aber sicher haben die Wendehälse aus dem Westen auch etwas gegen steife Nacken dabei.

Es geht nicht um Menschenrechte, wenn sie sich irgendwo auf der Welt »engagieren«, sondern immer nur darum, was sonst noch zu holen ist. Deshalb seid Ihr im Jemen auf Euch allein gestellt, genau wie wir damals in der kleinen dreckigen DDR. Erst nachdem wir uns selbst befreit hatten, kamen die Besatzer. Und bei aller

Zurückhaltung mit Nahost-Vergleichen, den Konflikten rund um Israel oder Kleinmachnow: Was Vertreibung, Zwei-Klassen-Gesellschaft und Fremdverwaltung heißt, kennen seitdem auch Deutsche nicht mehr nur aus der Täterperspektive. Dabei haben wir das Existenzrecht der alten Bundesrepublik nie in Frage gestellt, jedenfalls nicht laut. Leider!

Nun sind wir das Morgenland von Deutschland: Sandstürme toben sich hier aus, Missionare und allerhand abendländische Fundamentalisten. Anfang der neunziger Jahre haben sich nur ein paar Trottel von westdeutschen Nazi-Führern gegen Euch aufhetzen lassen. Inzwischen stellen wir die »ostdeutsche Unterschichten-Armee« praktisch allein. Afghanistan ist trotzdem nicht unser Krieg. Arbeitslose Dresdner haben dort so wenig verloren wie arbeitslose Afroamerikaner in Vietnam. Im Grunde verteidigen sie nur die westdeutschen Sozialsysteme »bis zur letzten Patrone« (Horst Seehofer), indem sie ihnen hier nicht zur Last fallen.

Deshalb können wir Euch neben der überfälligen Entschuldigung nur bitten: Lasst Euch nicht unterkriegen, sonst bricht im Westen alles zusammen. Nicht nur die Rüstungsindustrie. Lasst Euch vor allem nicht kaufen so wie wir – oder Eure Brüder und Schwestern hier! Denen geht es – wenn man das von Hassprediger zu Hassprediger mal so sagen darf – womöglich schon zu gut. Sie haben einen eigenen Zentralrat, eine eigene »Islam-Konferenz«. Wir dagegen trauen uns nicht mal, in der Schule nach einem Gebetsraum für unsere Kinder zu fragen. Seit der ersten Einheitsrede des schönsten Bundespräsidenten aller Zeiten habt Ihr es sogar mündlich: »Der Islam gehört zu Deutschland.« Wann hat ein westdeutscher Politiker zuletzt mit so viel Verve den Osten Deutschlands dazugezählt? Andererseits – wollen wir das? Wollt Ihr das wirklich? Ich weiß nicht, was »Schnauze, Wessi« auf Arabisch heißt – aber lasst ruhig mal dergleichen von Euch hören!

(Juni 2011)

Wichteln mit der PDS
(alias Die Linke, alias SED)

Noch schlimmer als Beifall von drüben sind grölende Alt-
lasten von hier. Wieso denkt eigentlich jeder, man will unbedingt die DDR zurück, nur weil der Westen stinkt? Eine
Distanzierung.

Seit der letzten Weihnachtsfeier mit Kollegen beschäftigt mich eine CD, auf der PDS-Politiker Liebesge-
dichte aufsagen. Gysi liest Goethe, Bisky auch irgendwas – ich habe das ehrlich gesagt nie zu Ende gehört.
Trotzdem quält mich nun schon monatelang die Frage,
womit ich dieses Julklappgeschenk verdient habe? So
einen Dreck!

Wenn Journalisten wichteln, bleibt naturgemäß nie
lange geheim, wer wessen Namen gezogen und sich
mehr oder weniger Gedanken über ein Geschenk gemacht hat. Man kann das wegstecken wie alle Jahre
wieder den Tchibo-Schlafanzug von Tante Agnes. Oder

wie eine angeblich prüde Praktikantin die liebevoll verpackte Haushaltskerze. Bei dem Kollegen allerdings, dem ich das linkische Liebes-Gelispel verdanke, fällt mir das schwer: Er ist ein so gnadenlos begnadeter Schreiber, einer von Berlins Top-Journalisten, die mit Weitsicht, aber dafür ohne jede Hemmung oder gar Mandat die Geschicke unseres Landes mitzubestimmen glauben – für seine Verhältnisse, Herkunft und Aussehen dennoch geradezu bescheiden. So ein kluger Mensch – dachte ich bisher –, wieso schenkt der mir eine PDS-CD? Und selbst wenn er nur grobschlächtig mit dem Zaunpfahl zwinkern wollte wie der Kerzen-Flegel – wie kommt es zu so solchen Kurzschlüssen?

Noch nie habe ich diese Partei gewählt, weder als sie noch SED hieß, noch als PDS oder »Die Linke«. Sie kann sich jedes Jahr umbenennen, es wird immer die SED bleiben. Ob mit oder ohne Quoten-Wessis im Vorstand, in Koalitionen oder als Opposition, ob sie ihrer Geschichte nachtrauert oder sich halbherzig von einzelnen Mauerschützen distanziert. Niemals! Das wollte ich auch deshalb gern mal klarstellen, weil ich hier gelegentlich von der völlig falschen Seite Beifall bekomme. Schlimm genug.

Weinerliche SED-Rentner wissen es nicht besser. Hauptamtliche Besserwisser wie der Kollege tun zumindest so. Sie mäkeln zwar auch hin und wieder ein wenig an der vereinigten Gegenwart herum, aber sind gleichzeitig tiefer in ihre eigene Vergangenheit verstrickt als jeder abgewickelte Ost-Funktionär. Dass diese Stricke auch mal alle reißen können, ist die entscheidende Erfahrung, die ihnen fehlt. Nur so erklären sich ihre unbeholfenen Kommentare nach ostdeutschen Wahlen. Schon deshalb schwingt stets eine gewisse Beleidigung mit, wenn irgendwas nicht in das Koordinatensystem passt, in dem sie aufgewachsen sind. Im Zweifel bleibt ihnen nur der SED-DDR-PDS-Reflex, wenn unsereins im Westen nicht mehr alles so goldig findet wie noch vor 30 Jahren in einem zerfledderten Quelle-Katalog.

Den Vorteil, beide Seiten zu kennen, werden sie nie ganz verstehen. Wie auch – ohne Vergleich? Vermutlich ist es deshalb auch nur Unsicherheit, wenn sie alberne CDs verschenken oder einen für »Humoristen-Preise« nominieren. Man kann ihnen nur immer wieder erklären, dass die Wahrheit über Gregor Gysi nicht so lustig ist, wie seine Sprüche vorgaukeln. Ähnlich wie Kindern, die erst lernen müssen, dass man nicht alles in den Mund nimmt, was aussieht wie Schokolade. Oder wie es Christian »Flake« Lorenz, Keyboarder des weltweit beliebten, ostdeutschen Marschmusik-Ensembles *Rammstein* einmal in der *FAZ* formulierte: »Ich habe keine Ostalgie. Ich finde nur den Westen scheiße.«

Weil das bestimmt auch vielen Westdeutschen so geht, habe ich dort sogar noch Verständnis für jede vergeudete Protestwählerstimme an die Linkspartei. Vor allem auf die Kleine weiße Friedenstaube fallen da drüben immer noch viele Menschen rein, weil sie als Kind nicht unter dem gleichen Symbol zur vormilitärischen Ausbildung marschieren mussten. Als noch sowjetische

Bomben Taliban-Kinder zerfetzten, hielt die »einzige Friedenspartei« brav den Tauben-Schnabel, so wie heute alle anderen. Offenbar hängt die Rechtmäßigkeit eines Afghanistan-Überfalls grundsätzlich davon ab, welche Supermacht ihn gerade anführt. Die Partei jedenfalls, »die immer Recht hat«, wie sie früher gern sang, hat heute nicht mal dann Recht, wenn sie ihren lächerlichen Streit um die eigene Bedeutung im Gaza-Streifen zwischen Rügen und Karl-Marx-Stadt als Richtungsstreit verbrämt. Der interne Nahost-Konflikt ist auch nur ein Ost-West-Konflikt. In Wahrheit zanken sich auch dort nur westdeutsche Karriere-Linke mit ostdeutschen SED-Strebern um Vorstands- und Listenplätze. Es ist wie in jeder Partei und überall in den besetzten Ländern: Warum soll es den Erben der Schergen anders gehen als ihren ehemaligen Untertanen?

Mich jedenfalls trifft die SED-Keule nicht. Sie ist nur die Kasperklatsche im Demokratietheater. Der Baseballschläger der Ahnungslosen. Was schmerzt, ist die selbstgerechte Dummheit dahinter, die immer gleich jeden auf irgendeine Seite sortiert, nur weil er auf der anderen nicht »Hurra« schreit. Genau so hat es die DDR gemacht. Und genau deshalb kann man nach 20 Jahren auch mal frustriert sein, ohne sie zu vermissen. Wer sich an eine schöne Kindheit hinter Stacheldraht erinnert, verharmlost nicht die Stacheln – er kennt sie. Den Blick hindurch ebenso wie die Enttäuschung dahinter. Wenn das Westdeutschen vorkommt, als gäbe es heute mehr Anhänger der DDR als zu ihren traurigsten Zeiten, dann liegt das nur an ihrer eigenen Ur-Angst vor so genannten »System-Fragen«. Aber keine Sorge: Die verfliegt nach dem ersten selbst erlebten Umsturz. Wer einmal ein ewig gültiges System untergehen sah, stellt jedes andere in Frage. Das ist kein Extremismus, höchstens Fatalismus. Also alles halb so schlimm.

Deshalb gibt es auch für die gelegentlich hohen Ergebnisse der SED-PDS-Linken hierzulande eine ziemlich einfache Erklärung: Wer soll das auch sein. 20 oder mehr Prozent? Ich persönlich kenne nur zwei, die das wählen, und einer ist mein zweitbester Freund Ludger aus dem Münsterland. Es sind also nicht Ostdeutsche, sondern – wenn überhaupt – höchstens 20 Prozent derjenigen 50 Prozent, die hier überhaupt noch wählen gehen. Von diesen 10 Prozent kann man noch einmal getrost die Hälfte abziehen, die das aus reiner Folklore tun – so wie etwa CSU-Wähler in Bayern – oder nur, um den Westen zu ärgern. Bleiben fünf Prozent. Und das können eigentlich nur Westdeutsche sein, die hier leben und sich in angeblich repräsentative Umfragen schmuggeln, weil sie immer irgendwas repräsentieren müssen oder tatsächlich glauben, die Linke wäre nicht mehr die SED. Die sollen erst recht die Schnauze halten.

(Juli 2011)

»Und wenn die Wirklichkeit dich überholt,
hast du keine Freunde, nicht mal Alkohol.
Du stehst in der Fremde, deine Welt stürzt ein,
das ist das Ende, du bleibst allein.«
Fehlfarben

Das Coming-out
der »Generation Mandy«

Plötzlich reden die letzten Kinder der DDR über das Trauma
ihrer Herkunft, grausame Erlebnisse im Westen – und wie
sehr sie das alles bis heute prägt. Eine Selbsthilfegruppe.

Anja (*) wurde gleich 1990 nach Krefeld verschleppt.
Sie war noch ein Kind, niemand hatte sie gefragt. Das
wird schon, hieß es immer, sie werde auch dort Freunde
finden. Aber so richtig wurde es nie. »Heute«, sagt Anja,
28, »fühle ich mich hier wie da fremd.«

Die Eltern von Ben, 32, blieben in Halle, verloren
erst ihre Arbeit, dann ihr Haus und schließlich ihre
Liebe. Für den damals 10-Jährigen ging mit der DDR
praktisch auch die heile Familienwelt unter. Theoretisch
kann er das heute sogar trennen. »Aber wenn man so
will«, sagt er, »bin ich auch ein Wende-Opfer.«

Conny, 30, verbindet mit der Zeit vor allem Gorbatschow – so stand es immer auf den Flaschen, die sie zum

Glas-Container trug, bis ihr Papa auf No-Name-Wodka umstieg. Felix sagt Westdeutschen gegenüber bis heute, er stamme aus Kassel, um das Thema ganz oder wenigstens dumme Fragen nach einer Kindheit in Cottbus zu vermeiden. Und eigentlich wollte ich zunächst auch gar nichts über diese bis zur Selbstverleugnung traurigen Schicksale schreiben. Kassel – also wirklich!

Zu intim schienen mir die Geschichten, die etwa hundert junge Leute Anfang Juli in Berlin miteinander teilten. Die zwischen 1975 und 1985 geboren und ab 1990 in einem völlig anderen Land erwachsen, ausgebildet und – nun ja, auch dieses Wort fiel – »umerzogen« wurden. Die nicht jammerten, aber auch keine Tränen scheuten, weil sie sich 20 Jahre einreden ließen, das spiele alles keine Rolle mehr. Sie seien doch viel zu jung, zu gesamtdeutsch, ja global sozialisiert, hatten sie von völlig ahnungslosen, aber auch den eigenen Leuten immer gehört. Nun staunten sie selbst, wie vielen anderen es damit ebenfalls anders ging. Was sie »Konferenz« nannten, wirkte oft wie eine Selbsthilfegruppe, ein Treffen von Heimatvertriebenen oder entwurzelten Immigranten-Kindern. Und das, dachte ich, geht nun wirklich keinen etwas an. Schon gar nicht Westdeutsche.

Ein »Team« aus jungen Politik- und Kommunikationswissenschaftlern hatte dazu eingeladen, nachdem ihnen aufgefallen war, dass in den Talkshows zum 20-jährigen Einheitsjubiläum im Herbst 2010 fast immer nur Westdeutsche über Ostdeutsche redeten. Folgerichtig ließen sie sich auch erst mal von einem Professor aus Bremen die gemischten Gefühle der »3. Generation Ostdeutschland« erklären.

Selbstironischer hätte die gleichnamige Veranstaltung kaum beginnen können. Wie gewohnt lauschten alle brav den mitfühlenden Worten eines Besserwissers, bis sie in kleinen Arbeitsgruppen erstmals eigene Worte dafür fanden – »wir« und »uns« vor allem, aber ebenso häufig, wenn auch noch etwas unsicher, »irgendwie« und »eigentlich«.

»Wir sind irgendwie anders.« Das haben »eigentlich« alle immer gespürt. »Trotzdem habe ich mein halbes Lebens damit verbracht, das irgendwie loszuwerden«, bekennt eine Berlinerin – eine echte, wie sie anfügt, »also Ost-Berlin«. Für einen jungen Mann, der extra aus dem süddeutschen Westen anreiste, »war es schon ein Coming-out«, als er nur von der Tagung hörte. »Eigentlich« – auch wenn das diesmal noch keiner so klar formuliert – sind die meisten da, um endlich mal »Schnauze, Wessi« zu sagen.

Vielleicht ist so eine Veranstaltung mit »Impulsvorträgen, Panels und Workshops« dafür zu akademisch. Vielleicht war auch das Collegium Hungaricum, so etwas wie das ungarische Goethe-Institut in Berlin-Mitte, nur der scheinbar passende Ort. Gleich um die Ecke wohnt die ostdeutsche Kanzlerin, am anderen Spreeufer gruseln sich Touristen im DDR-Museum. Und natürlich ist allen der schmale Grat bewusst, über den sie hier drei Tage balancieren: Wie Menschen mit einer Behinderung wollen sie nicht mehr als anders wahrgenommen werden, aber legen sehr wohl Wert darauf, anders zu sein – nur eben *ganz* anders. Je länger ich ihnen zuhöre, desto bewusster wird mir die eigene, fast westdeutsche Ignoranz.

Nicht einmal ich wusste, was auch heute um die 30-Jährige bei diesem Thema noch an biografischem Gepäck mit sich rumschleppen, an mentalen Komplexen und komplexen Mentalitäten. Was für Muster allein die Verunsicherung ihrer Eltern hinterließ, die von Freiheit geträumt, aber oft nur Freizeit bekommen hatten, und bei dem, was man den »Start ins Leben« nennt, auch kaum helfen konnten. Weder mit Geld, der nun nötigen Erfahrung oder weil sie einfach mit sich genug zu tun hatten.

Ihre Kinder plapperten noch das Gelöbnis der Pioniere nach, als die Lehrer plötzlich nicht mehr vom Klassenfeind redeten, sondern in dessen Schuldienst übernommen werden wollten. In Ausbildung und Studium war dann statt Zurückhaltung und Gleichschritt auf einmal nur noch das gefragt, was Westdeutsche für Selbstbewusstsein halten. Und bis mir Ronny davon erzählte, hatte ich auch keine Ahnung, was es bedeutet, ein Leben lang mit so einem Namen gezeichnet zu sein oder etwa als Mandy in München zu studieren.

Schon als Kinder in der Diaspora litten viele unter dem Stigma ihrer Herkunft. Andere berichten bis heute von Nachteilen, weil sie gewissermaßen von Haus aus nicht so auf die Kacke hauen wie Kollegen oder Kommilitonen, die zwar meistens auch nicht mehr drauf haben, aber immer lauter so tun, als ob. Trotz aller Mühe und Verrenkungen, ob sie wollten oder nicht, »blieb stets das diffuse Gefühl, drei Mal besser sein zu müssen als« – ja wer eigentlich? Selbst diese Abgrenzung fällt »irgendwie« schwer.

Westdeutsche dagegen haben – vielleicht weil sie nie Pioniere waren – das natürliche Bedürfnis, einer bestimmten Alterskohorte anzugehören und sich so kulturhistorisch aufzuwerten. Im Zweifel geben sie der eigenen Schublade Namen wie »Generation Golf« oder »Die 68er«, damit Medien und Werbeindustrie darin jeweils die passende Musik zum aktuellen Gebissreiniger finden. Nach der »Generation X« und der zweiten oder dritten »Generation Erbschaft« treibt derzeit angeblich die »Generation Y« den Zeitgeist an – laut *Spiegel* »oft Einzelkinder«, die als »ganzer Stolz ihrer Eltern« nie gelernt haben, sich auch mal hinten anzustellen. Für jeden Pups wurden sie gelobt, selbst wer erst zum Schulanfang auf den Kinderwagen verzichtete, bekam dafür noch eine Urkunde. »Trophy Kids« werden sie in den USA genannt, und überfüttert mit Selbstwertgefühl scheinen sie genau das Gegenteil von jungen Leuten zu sein, die noch einen Kachelofen heizen können.

Aber muss man deshalb gleich eine eigene »Generation 0« proklamieren? Härtet so ein Systemwechsel wirklich ab? Zu zögerlich. Zu skeptisch. Zu weiche Ellbogen, wenn es drauf ankommt, so sehen sie sich selbst. Wieso, das fragen sie sich immerhin auch, bestimmt »eigentlich« immer der Westen das Maß dieser Dinge? Und: Können solche »Transformations-Erfahrungen«, wie »uns« ein (westdeutscher) Persönlichkeits-Coach am zweiten Tag einreden will, nicht auch gefragte »Soft-Skills« sein? »Irgendwie?«

Nach dem Mittagessen – Broiler, aber das tut nichts zur Sache – rauche ich mit René aus Gera noch eine Zigarette. Die Tische sind knapp. Eigentlich könnten wir Platz für andere machen, die ihre Teller auf Knien balancieren. Als ich das beiläufig erwähne, behauptet René, er wollte das auch gerade vorschlagen. Wir freuen und beglückwünschen uns, dass wir noch so solidarisch mitfühlen, obwohl sie einem immer einreden, man müsse lernen, auch mal an sich zu denken. Dabei würden, strahlt René, doch genau diese kleinen Gesten den Unterschied machen, echte Soft Skills ... Inzwischen haben auch die anderen mühsam aufgegessen. Aber immerhin haben wir an sie gedacht.

Langsam fange ich an zu verstehen, warum diese jungen Leute eben doch noch anders sind, da fragt mich Mandy, die einen Workshop leitet, wie alt ich »eigentlich« sei. Vor dem Spiegel gehe ich auch noch als 34 durch, aber in der Vorstellungsrunde habe ich mich – Ost-Trottel-ehrlich – als Journalist geoutet, was sie »irgendwie« stört. Ich sei aber auch Betroffener, bettele ich und verspreche, nichts zu schreiben. Doch Mandy bleibt hart: 42 ist für sie »eindeutig die 2. Generation.« Und nachdem ich mich nicht einmal im Westen je so alt und ausgegrenzt gefühlt habe, räche ich mich nun eben so:

Ihr seid überhaupt nichts Besseres! Generation Mandy – lächerlich! Wie ich später noch mitbekomme, gehören sogar Westdeutsche zum »Team«, leiten Workshops und faseln von »ungenutzten Ressourcen«. Wie überall wollen sie mitreden. Und ich darf nicht! Ihr Pressesprecher ist »eigentlich Hamburger« und bittet professionell um Verständnis: »Im Team« werde das nicht so eng gesehen. Na dann – einer muss es ihnen ja mal sagen: »Schnauze, Wessi!«

(Juli 2011)

(*) Namen und Verbannungsorte zum Teil geändert.

> *»Es ist der Fluch der Zeit,*
> *dass Irre Blinde führen.«*
> William Shakespeare, King Lear, 1605

Das Pfeiffer'sche Drüben-Fieber

Alles Nazis, Schläger, Babymörder. Meist wissen westdeutsche Experten auch gleich, warum Ostdeutsche so sind – einer vor allem: der Top-Kriminologe Pfeiffer (mit verstecktem viertem f). Eine Diagnose.

Wenigstens können wir nichts dafür. Schon 1999 hat der viel gefragte Kriminologe Christian Pfeiffer herausgefunden, dass die typisch ostdeutsche Neigung zu fremdenfeindlicher Gewalt mit der frühen Sauberkeitserziehung in den Kinderkrippen zusammenhängt. Seitdem ist der Professor mein westdeutscher Lieblings-Ost-Experte. Wer schon als Kleinkind in Reih und Glied auf dem Topf saß, kann praktisch nicht anders, als braunen Gedanken nachzuhängen: Fäkale Verlustängste in der analen Phase, später Probleme mit dem Über-Ich – so weit, so logisch und seit Freud bekannt. Aber kein Kriminologe kann das so einfach erklären wie Pfeiffer. Ehrlich gesagt weiß ich gar nicht, ob es überhaupt andere Kriminologen gibt. Auf jeden Fall sparen Talkshows und Ministerien seitdem viel Geld für echte Fachleute.

Im Jahr 2000 sorgte nicht zuletzt seine Expertise dafür, dass alle Bewohner der sächsischen Kleinstadt Sebnitz unter Verdacht gerieten, einen kleinen Jungen ertränkt oder wenigstens der analen Elite ihrer Stadt dabei zugesehen zu haben. Der Kriminologe – diesmal offenbar als psychiatrischer Sachverständiger gefragt – hatte eine Mutter für glaubwürdig erklärt, die den Schmerz über den Badeunfall ihres Sohnes nie verwunden hatte. Danach berichteten fast alle westdeutschen Medien tagelang über den unvorstellbar grausamen »Fall Sebnitz«, bis *Stern*-Reporter – nach einigen schlechten Erfahrungen mit Nazi-Sensationen stets besonders gründlich – die Wahrheit herausfanden: Es war alles Käse, ein Reflex der Lichterketten-Empörung, aber im Ergebnis – vermutlich kriminologische Weitsicht – viel nachhaltiger: Jeder Dorfbürgermeister beruft sich seitdem lächelnd auf Sebnitz, wenn er echte Nazis in seiner Gemeinde nicht wahrhaben will.

Vor kurzem hat Pfeiffers Institut in Hannover – um das Wort auch mal zu benutzen – »nachgewiesen«, dass vor allem Kinder von freikirchlichen Eltern immer noch mit Schlägen gezüchtigt werden, härter und häufiger jedenfalls als das in muslimischen oder gar katholischen Familien Alltag ist. Und langsam mache ich mir echte Sorgen – nicht mal so sehr um den Professor, sondern um mich.

Immerhin habe ich nicht nur die halbe Kindheit auf einem ostdeutschen Krippen-Topf verbracht, sondern wurde auch noch in einer Freikirche getauft. Meine Eltern sind Methodisten, so rutscht man da rein. Und wenn ich heute meinen eigenen Kindern nach drei Stunden ihren Gameboy wegnehme – Computerspiele sind laut Pfeiffer nämlich genau so ein Grundübel –, drohen sie prompt mit einer Anzeige wegen seelischer Körperverletzung. Sie kennen ihre Rechte. Das macht die christliche Erziehung nicht einfacher. Zudem ist ihre Mutter Katholikin. Ich darf also nur selten mal ordentlich zuschlagen. Umso wichtiger ist der Kriminologe für mich und meine Resozialisierung.

Unter Kollegen mögen seine Thesen umstritten sein. Angeblich hütet er Quellen und Daten wie der freikirchliche Zonen-Nazi seinen Baseballschläger. Wir Ostdeutschen aber lechzen danach: Wer sonst erteilt uns wissenschaftlich Absolution für Jahrzehnte falschen Lebens?! Also bitte, verehrter Professor, lassen Sie sich nicht von anderen Schwätzern entmutigen! Es gibt noch so viele offene Fragen:

Nach wie vor sind etwa die Wechselwirkungen zwischen Hooliganismus und Sozialismus weitgehend unerforscht. Gibt es da vielleicht Schnittmengen mit protestantischen Prügeleltern oder warum fuchtelt die Pfarrerstochter Angela Merkel bei Fußballspielen immer so wild mit ihren Fäustchen?

Könnten Sie nicht mal – vielleicht zusammen mit Guido Knopp – die letzten Zeitzeugen über das Töpfchen-Training im Dritten Reich befragen? Welche Ego-Shooter haben zum Beispiel SS-Schergen als Kind bevorzugt? Diese Spiele würde ich meinen Kindern sofort verbieten. Notfalls mit Gewalt.

Vielleicht lässt sich eines Tages sogar die Ursache für dieses – der Professor entschuldige bitte die laienhafte Diagnose – Pfeiffer'sche Drüben-Fieber finden und ähnlich einfach erklären, wie das sonst keiner kann. Als Kind, so viel verrät *Wikipedia* über ihn, musste er – wahrscheinlich ungefragt oder sogar gegen seinen Willen – von Frankfurt an der Oder nach Kirchweidach in Oberbayern umziehen. Er stammt also ursprünglich selbst aus der Töpfchen-Zone. Und wo liegt Kirchweidach? Nur eine Stunde von Aßling, wo westdeutsche Neonazis – dass es so was dort überhaupt gibt! – erst neulich ein Hakenkreuz in ein Maisfeld trampelten. Kann das ein Zufall sein? Was für eine Konfession hatten eigentlich Pfeiffers Eltern?

Als man 2005 bei einer Mutter aus – Achtung! – Frankfurt/Oder neun Babyleichen fand, zum Teil in Blumentöpfen verscharrt, erklärte das der damalige Innenminister von Brandenburg, Jörg Schönbohm, mit der »erzwungenen Proletarisierung« im Osten. Er erntete dafür heftig Kritik, aber Pfeiffer sprang ihm sofort bei: Die Wahrscheinlichkeit, als Baby umgebracht zu werden, sei inzwischen in den neuen Ländern drei- bis viermal höher als im Westen. Seine Statistik ließ zwar außer Acht, dass selbst eine durchproletarisierte Kindsmörderin innerhalb eines Jahres schwerlich neun Babys bekommen und umbringen kann, aber dafür fragte auch niemand mehr nach den wahren Ursachen für harsche Pauschal-Urteile dieser Art. Wie er selbst wurde nämlich auch Schönbohm als Kind aus Brandenburg verschleppt. Offenbar wussten ihre Eltern, was sonst droht: Nachttopf oder Blumentopf. Dann doch lieber Bayern. Wer konnte auch ahnen, was die frühe Entwurzelung für schwere Traumata hinterlässt?

Wann immer ein Thema die Gesellschaft erregt, arbeitet der Kriminologe schon an einer Studie – oder würde gern. Ab November untersucht sein Institut die Personalakten aller 27 deutschen Bistümer nach Hinweisen auf Kinderschänder. Er weiß sofort, was eigentlich hinter den Unruhen in England steckt: Mal eine zu schwache Polizei, wie er im ZDF-Interview erläutert, mal ein zu »hartes Vorgehen« derselben, wie er in der Tagesschau erklärt. Mit jedem Fernsehauftritt wirbt er für neue Forschungsmittel. Oder mit seinen Mitteln um neue Fernsehauftritte – für unreflektierte Fans wie mich ist das oft schwer auseinanderzuhalten. Und einmal habe ich ihn sogar vermisst.

Report Mainz berichtete im April dieses Jahres über die Qualen westdeutscher Heimkinder, die man dort noch 1975 ohne Grund mit Medikamenten ruhigstellte, als Ersatz für frische Luft unter UV-Lampen grillte und – wie sich eine Säuglingsschwester erinnerte – auf Töpfe setzte und festband. War nach einer Stunde noch immer nichts drin, gab es Schläge mit einem nassen Waschlappen ins Gesicht. Und obwohl sich angeblich schon »mehrere wissenschaftliche Untersuchungen« mit den Folgen für die Kinder beschäftigt hatten, warteten die Zuschauer vergeblich auf einen O-Ton des einzigen ernst zu nehmenden Topf-Kriminologen.

Wenn nicht gerade an einem Wochenende London brennt und eine schnelle Ferndiagnose gefragt ist, hören offenbar nur noch ausländische Medien das Pfeiffen im Wald, und so las ich zuletzt – auf dem Weg zu einem meiner geheimen SED-Millionen-Konten – in der Schweizer Pendler-Zeitung *20 Minuten*, dass sich vor allem evangelische Jugendliche gern prügeln. »Katholische Gemeinden«, so wurde ein gewisser Professor Pfeiffer aus Deutschland zitiert, erreichen »die Risikogruppe der männlichen Nicht-Gymnasiasten« besser. Vermutlich – aber das ist jetzt schon wieder so eine unzulässige Laien-Spekulation – ging die Reformation deshalb auch vom deutschen Osten aus. Oder sind die katholischen Geistlichen einfach zärtlicher? Ich jedenfalls schwanke nun, ob es wirklich reicht, einfach zu konvertieren oder ich mich gleich freiwillig zur Sicherungsverwahrung melde. Mit über 40 zähle ich schließlich auch wieder zur »Risikogruppe der männlichen Nicht-Gymnasiasten«. Außerdem nehmen meine Gewaltfantasien zu; manchmal kommt sogar ein Kriminologe darin vor. Bislang habe ich das noch mit Gesprächstherapie im Griff, und die geht so: Schnauze, Wessi!

(August 2011)

> *»Die gesamte Welt der politischen Rituale im Westen*
> *ist uns nach wie vor fremd.«*
> Reiner Haseloff, Ministerpräsident in Sachsen-Anhalt

Der Höllenfürst von Magdeburg

Ein Hauch von »Yes, we can selber« wehte durch Sachsen-Anhalt, als der neue Ministerpräsident antrat. Doch wie in Prag oder Kairo war auch der Magdeburger Frühling nur eine Illusion.

Kein vernünftiger Mensch in den ostdeutschen Kolonien interessiert sich noch für Politik und so hatte auch ich den Namen Haseloff nie gehört, bis er es kurz vor seiner Wahl mit einem einzigen Spruch sogar in die hiesigen Leitmedien BILD, RTL oder MDR schaffte. Vorher hatte er damit schon die so genannten Überregionalen der alten Welt erschreckt. Dabei ging es weder um den Atomausstieg von Sachsen-Anhalt noch um Neonazis in Magdeburg. Der Spitzenkandidat der CDU hatte lediglich auf die Frage eines westdeutschen Journalisten geantwortet, wie er sich die Hölle vorstelle – und zwar so: »Wenn da nur lauter Wessis drin wären.«

Gut, dachte ich erst, da spielt eine verzweifelte Blockflöte aus Angst vor PDS, SED, oder wie die gerade heißen, die Ost-Karte. Das reicht schon für ein bisschen Empörung im Westen und ein paar Stimmen mehr in Halle. Doch dann legte der Mann – schon gewählt, also gewissermaßen ohne Not – noch einmal nach und erklärte der *Frankfurter Allgemeinen Sonntagszeitung* die Vorzüge der »ostdeutschen Frau«. Sie sei »unkompliziert« und »nüchterner« als West-Frauen und setze durch ihre »Diktaturerfahrung andere Prioritäten«, etwa beim Einkauf von Fleisch. Außerdem hämmerte er den Reportern noch ein paar Worte ins Merkheft, die ebenso gut »Schnauze, Wessi« hätten lauten können, zum Beispiel: »Die Geschichte müssen wir selbst schreiben, das kann kein Historiker aus Bielefeld.« Oder den – für einen nach eben diesen Ritualen gerade frisch gekürten Regierungschef zumindest – ziemlich lässigen Satz: »Die gesamte Welt der politischen Rituale im Westen ist uns nach wie vor fremd.« Ich war beeindruckt.

»Sehr geehrter Herr Dr. Haseloff«, schrieb ich gleich am nächsten Tag in einer E-Mail an ihn: »Hiermit möchte ich mich als Regierungssprecher bewerben.« In aller Kürze schilderte ich meine Erfahrung aus »20 Jahren Agitation und Propaganda für westdeutsche Massenmedien«. Mit deren »Niederträchtigkeiten« sei ich bestens vertraut, zudem »demokratischer Quereinsteiger« wie er. Vor allem aber – Stichwort »Hölle« – verstünde und spräche ich seine Sprache. Zum Beleg hängte ich ein paar verlinkte Arbeitsproben zu dieser Kolumne an und bat ihn dringend, seine »westdeutsch sprechende Sprecherin und am besten auch gleich alle Minister und Staatssekretäre mit Migrationshintergrund« nach Hause zu schicken. »Lassen Sie uns gemeinsam«, so endete ich, »aus gedemütigten Ostdeutschen wieder selbstbewusste Menschen und aus dem Land der Frühaufsteher (ich wusste, er mag diesen Marketing-Slogan für Sachsen-Anhalt nicht) ein echtes Morgenland machen!«

Die westdeutschen Beamten in den Magdeburger Ministerien hatten vermutlich schon aufgeatmet, als sich sein Vorgänger Böhmer (»Der Ossi hatte immer was zu lachen, und wenn es nur über Wessis war«) in den Ruhestand verabschiedete. Wer konnte auch ahnen, dass der neue in dieser Himmelsrichtung noch mehr poltern würde als »der Alte«. Ich sah sie schon zittern vor unserem eisernen Besen und viele freie Posten für meine arbeitslosen Freunde. Vor Glasnost und Perestroika und ethnischen Säuberungen in Ministerien. Möglicherweise war es aber auch ein taktischer Fehler, das gleich beim ersten Kontakt anzuregen, und eben diese Leute haben meine Bewerbung unterschlagen. Vielleicht fand Haseloff auch meine Grußformel »¡No pasarán!« zu pathetisch. Jedenfalls habe ich bis heute – nach sechs Monaten! – nicht mal eine Eingangsbestätigung erhalten. Selbst Schuld! Ohne meine Hilfe ist es um Reiner Haseloff inzwischen leider wieder ruhiger geworden. Seine provokanten Sätze, so ruderte er gar zurück, seien aus dem Zusammenhang gerissen, die »Wessi-Hölle« nur Ironie gewesen. Und wenn ich das schon höre, bin ich eigentlich froh, dass ich im Überschwang der Gefühle nicht gleich beim Klassenfeind gekündigt habe. Hier kann ich wenigstens schreiben, was ich will. Das hat zwar in erster Linie auch nichts mit Presse-, sondern allenfalls mit Narrenfreiheit zu tun. Aber so lange die Klicks stimmen, halten sich meine westdeutschen Chefs meistens an die Empfehlung in der Überschrift oder stellen einfach ein über die Maßen albernes Ampelmännchen-Quiz daneben, um die alltäglichen Menschenrechtsverletzungen in den besetzen Gebieten zu relativieren.

Echter Widerstand sieht anders aus. Da mache ich mir nichts vor und bei ostdeutschem Bier oft genug Gedanken mit Freunden. Neulich hatten wir die Idee, eine Art Berechtigungsschein einzuführen, den Westdeutsche bei sich tragen müssen, wenn sie hier Grundstücke kaufen oder große Reden schwingen. Aber weil den ihresgleichen in den Rathäusern ja praktisch selbst ausstellen müssten, haben wir diese Überlegung ebenso schnell wieder verworfen wie die geschmacklose Schnapsidee eines Erkennungszeichens an der Kleidung. Mein erstbester Freund Michael schwadroniert gern darüber, wir müssten den Spieß einfach mal umdrehen und alle Grundstücke kaufen, heimlich ihre Posten besetzen, das Land übernehmen – wenigstens erstmal bei uns. Wie Reiner Haseloff eben oder diese MDR-Gauner mit den veruntreuten Millionen. Partisanen in Nadelstreifen, Regierungssprecher, Bürgermeister – aber dann? Wer von uns geht schon freiwillig nach Bayern oder Hamburg? In den Odenwald womöglich, vielleicht noch mit Familie!

Außerdem: Ein Regime von innen zu verändern, es gewissermaßen mit den gleichen Waffen zu schlagen, hat noch nie funktioniert. Spartacus und die Verschwörer vom 20. Juli haben mit dem Leben dafür bezahlt. Dass sie die Partei durch Eintritt und Mitgliedsbeiträge nur reformieren wollten, dient ehemaligen SED-Genossen bis heute als Ausrede. Und wenn ich daran denke, mit was für Leuten ich in Magdeburg am Kabinettstisch gesessen hätte. Hölle! (Hölle! Hölle!)

Die gleichen dunklen Mächte haben es verhindert. Zum Glück! Natürlich wurde ein Niedersachse Regierungssprecher. Er hat eine altgediente Journalistin aus Bremen abgelöst, die nun nach 20 Jahren im Osten ihr Gnadenbrot in der Sächsischen Staatskanzlei zehrt und so noch die Legende nährt, hier hätten Frauen bessere Karrierechancen. Bis auf vier SPD-Minister – offenbar gleichermaßen Zugeständnisse an den Koalitionspartner und die Menschen, die einmal das Volk sein wollten – stammen alle anderen Magdeburger Kabinettsmitglieder aus Niedersachsen oder Westfalen. Ganz zu schweigen von Staatssekretären, und wer in Sachsen-Anhalt sonst noch ohne Berechtigungsschein Posten blockiert. Nach Haseloffs Vorstellungen muss es die Hölle sein. Er ist zwar ihr Chef, also praktisch der erste christliche Höllenfürst, aber irgendein Historiker aus Bielefeld wird eines Tages bestimmt herausfinden, dass er trotzdem nicht der erste CDU-Ministerpräsident Teufel ist.

(August 2011)

Der Gipsbein-Effekt

Löw oder Ballack, Bündnis ohne Grüne, mein Gehalt gegen das meiner Hamburger Chefs: Der Graben im geteilten Land wird immer tiefer – wenn man den Blick dafür hat. Eine Paranoia.

Immer noch schreiben mir wildfremde Leute, ich solle endlich selbst die Schnauze halten. Das sei doch alles »retro«, Ost-West, kalter Kaffee, kalter Krieg ... Sogar eine gewisse Obsession wird mir für dieses Thema unterstellt. Lächerlich! Und doch – alte Stalinisten wissen Bescheid – nehme ich Kritik selbstkritisch ernst und versuche hier und da, vor allem aber hier, etwas großzügiger auf westdeutsche Charakterdefizite zu reagieren.

Eben in der Kaufhalle zum Beispiel, keine zwei Stunden her, gab es Theater, weil einer Kundin zwei Sorten antibakterieller Mülltüten zu wenig Auswahl war. Wegen meiner guten Vorsätze möchte ich ihren Dialekt nicht unnötig denunzieren. Die Verkäuferin allerdings verdrehte die Augen. Ich drehte zurück. Wir waren uns einig – das hilft auch schon oft und zeigt: Man kann sich durchaus beherrschen. Wir jedenfalls. Doch dann, am Zeitungsstand, schlug die Allgegenwart des Themas schon wieder erbarmungslos zu:

Da erschießt ein Bayer drei harmlose Schrottsammler in Sachsen. Da stirbt »Sexy Cora«, ein Mecklenburger Porno-Mädchen, unter dem Messer Hamburger Schönheitschirurgen. Da rast ein niedersächsischer Lokführer für die *Salzgitter AG* durch Sachsen-Anhalt – und zehn Einheimische sind tot ...

Gut, mag man einwenden, Tote mahnen immer. Aber bin ich denn der einzige Überlebende, dem noch auffällt, wie oft die Zeitungen die Herkunft von Tätern und Opfern verschweigen? Warum wohl? Wieso waren unsere Pisa-Musterschüler schon wieder drei Wochen in der Schule, während sich Bayern und Baden-Württemberger noch am Strand sielten? An unseren Stränden womöglich – und bei Sonne! Wer einmal genauer hinsieht, erkennt überall den schwelenden Grundkonflikt. Viel zu lange haben wir ihn in Witzen verharmlost, schöngeredet, verdrängt. Sogar undurchschaubar scheinende Phänomene bekommen auf einmal klare Konturen.

Da soll sich Michael Ballack auch noch dafür entschuldigen, dass ihm erst ein West-Berliner Migranten-Rüpel den Fuß kaputt trampelt und ihm kurz darauf alle in den Hintern treten. »Eine Farce«, nennt er, was DFB und gleichgeschaltete Medien für einen »würdigen Abschied« halten. Sie erkennen nicht mal, dass da lieber einer aufrecht vom Platz geht, als zu kriechen. Ballack hätte auch »Schnauze, Wessi« sagen können oder »Arsch lecken«, aber bei Leuten wie Jogi Löw weiß man nie, wie das ankommt.

Vielleicht merkt man meine Zurückhaltung, was gewisse Beobachtungen und Vorurteile angeht. Ich möchte keinesfalls paranoid oder gar fremden-, schwulen- oder schwabenfeindlich wirken. Im Gegenteil: Bei so einem sensiblen Thema wie der inneren Einheit darf man nichts übertreiben und erliegt schnell dem Gipsbein-Effekt. Kaum läuft man selbst ein paar Tage an Krücken, sieht man überall Versehrte. Mir fällt das, ehrlich gesagt, auch erst massiv auf, seit ich nicht mehr viel in Hamburg oder der ehemaligen Hauptstadt der DDR verkehre, sondern wieder tief im Osten lebe. Andere Heimkehrer teilen diese Erfahrung: Im Westen fallen Westdeutsche kaum unangenehm auf. Das liegt in der Natur der Sache, so wie man den Wald vor lauter Bäumen nicht sieht. Auf der anderen Seite – also hier – muss man aufpassen, dass sich dieses Thema nicht verselbstständigt und jeden Blick für die schönen Dinge im Leben verstellt.

Schlimm genug, dass die Harzer Jodel-Meisterschaften von hässlichen Misstönen dieser Art gestört werden und der Streit – wie der NDR aufdeckt – schon seit Jahren von neidischen West-Jodlern ausgeht. Dass Fußballfans per Postleitzahl als Hooligans gelten, wenn sie aus Rostock, Cottbus oder Dresden anreisen. Dass der Osten Deutschlands wie jedes Jahr am 1. Juni Kindertag feierte – der Westen hingegen am gleichen Tag »50 Jahre Anti-Baby-Pille«. Das ist doch kein Zufall! Das hängt doch alles zusammen! Wieso sonst leben hierzulande 25,7 Prozent aller Kinder unter 15 Jahren von Hartz IV, aber im Westen nur halb so viele (13,2 Prozent)?

Es hat nichts mit Zeit zu tun, mit zehn oder 20 Jahren Gras über alten Narben: Wer mit offenen Augen durch das geteilte Land geht, kann gar nicht übersehen, dass sich westdeutsche »Eliten« – wie sie der Soziologe Raj Kollmorgen in seiner Studie dazu nicht ohne Ironie nennt – im Osten immer noch reproduzieren wie Kaninchen. Warum prominente Ost-West-Beziehungen nach scheinbar glücklichen Jahren plötzlich kriseln (Stefanie Hertel und Stefan Mross, Merkel und Westerwelle, Ballack und Löw ...). Warum meine Hamburger Chefs mehr verdienen als ich, obwohl ich mehr arbeite, nur eben in Leipzig. Sogar bizarre westdeutsche Eigenarten, die auf den ersten Blick nichts mit Auflagenschwund, Euro-Krise oder dem Untergang des Abendlandes zu tun haben, erschließen sich spätestens auf den zweiten.

Der Kroate Braco etwa scheint ein ganz normaler osteuropäischer Wunderheiler zu sein. In Stuttgart oder München stehen Tausende Menschen Schlange, um sich von ihm anstarren zu lassen. Er legt ihnen weder seine Hände auf, noch hat er Medizin studiert, sondern – nun ja – Betriebswirtschaft. Egal, könnte man denken, die Menschen dort glauben ja auch, die Grünen hätten noch etwas mit Bündnis 90 zu tun, an den Euro oder daran, dass sie ihre Kinder nicht impfen müssten, wenn es nur genug andere tun. Gleichzeitig liest man aber, dass sich solche Spinner massenhaft an ostdeutschen Universitäten einschleichen. Dass Beamte aus Stuttgart samt ihren antibakteriellen Ehefrauen erneut mit »Buschzulagen« angelockt werden, obwohl sie auf allen halbwegs wichtigen Posten in den besetzten Ländern schon unter sich sind. Als Opernintendanten, Superintendenten, Operettenbürgermeister. In Museen, Kasernen, Schulen. Arbeitsämtern, Bordellen, Kneipen. An allen Schaltstellen der Macht. Ist es wirklich eine Obsession, wenn einem das nach 22 Jahren komisch vorkommt? Oder pervers, dass es so ist? Oder doch nur: Ich sehe was, was Du nicht siehst?

Da denkt man, okay, EHEC – schlimm, die armen Menschen. Aber im Wesentlichen hat sich die Seuche ja im Westen ausgetobt. Erst Wochen später kommt raus, wie hart es auch unschuldige Gurken-Bauern aus dem Spreewald traf, und dass sogar eine junge Frau aus Sachsen daran starb, die in einer Bremer Seniorenresidenz arbeitete. »Ein fröhliches Mädchen«, so nahm die *BILD-Zeitung* vor Ort Anteil, »sportlich, hilfsbereit, gesund.«

Bis sie westdeutsche Bio-Sprossen aß.

Könnte sie vielleicht noch leben, wenn die westdeutschen Betreiber ostdeutscher Altenheime bei ihr zu Hause nicht solche Hungerlöhne zahlen würden? Wieso kommen stattdessen fast alle Kandidaten, die sich an diesem Wochenende für den Ost-Berliner Stadtbezirk Prenzlauer Berg ins Abgeordnetenhaus wählen lassen wollen, aus Hamburg, Coesfeld oder Freiburg? Sogar die ehemalige PDS lässt ehemalige BRD-Bürger antreten. Hängt das vielleicht mit einer Meldung aus der *Südwest-Presse* zusammen, nach der die Freiburger Polizei seit Juli zwei Sexualstraftäter weniger bewachen muss? Zwei der Männer, die dort vor kurzem aus der Sicherungsverwahrung entlassen wurden, so heißt es, hätten eine neue Wohnung in Ostdeutschland gefunden. Wahrscheinlich mit Buschzulage.

Wie gesagt, vielleicht sehe ich überall Gipsbeine, so wie andere im Osten überall Fremdenfeindlichkeit sehen. Aber ganz alleine bin ich damit zum Glück nicht. Als sich an der Leipziger Hochschule für Grafik und Buchkunst – unter dem Label *Leipziger Schule* seit Jahrzehnten für ihre gegenständliche Malereiausbildung berühmt – plötzlich lauter konzeptuell denkende Professoren aus Köln sammelten, tat der damalige Rektor, zufällig auch ein Rheinländer, alle Vorwürfe der »Günstlingswirtschaft« als reinen Zufall ab. Neo Rauch, der einheimische Star der Schule, erklärte uns das in der *Leipziger Volkszeitung* in gewohnt volkstümlichen Worten so:

»Es gibt ein psychologisches Phänomen, das ich salopp als transportable Xenophobie bezeichnen möchte. Man kommt irgendwohin und findet sehr spezifische Umstände vor, ist aber aus bestimmten Gründen gezwungen, sich dort zu etablieren, vielleicht weil man andernorts keine Chance dazu hatte. Man kommt dann nicht eher zur Ruhe, bis man die Verhältnisse vor Ort so zugerichtet hat, dass sie einem entsprechen ...«

»Transportable Xenophobie« – so »salopp« kann man das auch ausdrücken. Ich sag es mal etwas vornehmer: Schnauze, Wessi!

(September 2011)

Die Asamoah-Verschwörung

Es ist Nationalfeiertag und keiner weiß warum. Von der deutschen Einheit mal abgesehen birgt der 3. Oktober ein weiteres ebenso bizarres wie streng gehütetes Geheimnis. Eine Enthüllung.

Am 3. Oktober haben die meisten Deutschen frei. Manche ernten die letzten Äpfel im Garten, ein paar halten Reden, viele betrinken sich einfach. So feiert das Land nun schon seit 21 Jahren den »Tag der Deutschen Einheit«. Noch rätselhafter als der Anlass ist eigentlich nur das Datum.

Warum veräppeln wir uns nicht am 2. Oktober, halten die Festreden gleich am 11.11. oder saufen beispielsweise am 26. September etwas mehr als sonst? Warum musste die DDR ausgerechnet am 3. Oktober 1990 »dem Geltungsbereich des Grundgesetzes der Bundesrepublik Deutschland beitreten«, wie es der offizielle Euphemismus seinerzeit noch formulierte? Es war keine leichte Recherche, zumal ich schon nach dieser ersten Fundstelle (»Alle Menschen sind vor dem Gesetz gleich!«) ständig lachen musste. Aber schließlich habe ich es doch herausbekommen.

Es waren stressige Wochen damals. Die einen wollten unbedingt Westdeutsche werden, die anderen unbedingt Westdeutsche bleiben. Für die einen sollte sich alles ändern, für die anderen nur die Postleitzahlen, und das war schon eine Zumutung. Die einen dachten, wir renovieren dieses kleine, dreckige Land einmal komplett durch, schreiben die Kosten von den Steuern ab und vermieten es dann an die Ureinwohner weiter. Die anderen dachten, sie müssten nur Hammer, Zirkel und Ährenkranz aus ihrer Fahne schneiden und könnten danach weiter als Schmied, Ingenieur oder Bauer arbeiten. Dabei waren sie nur als Konsumenten vorgesehen, einen Beruf, für den es in der DDR nicht mal eine Ausbildung gab. Ihr erstes Westgeld hatten sie schon für gebrauchte Autos und Videorekorder ausgegeben, während die anderen nach 17 Millionen ausgehungerten Verbrauchern auch noch deren Grundstücke und Fabriken übernehmen wollten. Damit dieser Deal eine halbwegs rechtliche Grundlage bekam, musste der so genannte Einigungsvertrag noch schnell durch die Parlamente beider Staaten gepeitscht werden und die vier Siegermächte alles abnicken. Die einen waren so naiv wie die anderen. Gier und Torschlusspanik prägten den Sommer 1990. Fehlte nur noch ein Stichtag – soweit die offizielle Version.

Diese Hektik und das gern bemühte »enge historische Zeitfenster« dienen seitdem als Generalausrede für allerlei Fehler, die sich dabei eingeschlichen haben – wie es der historische Zeitfenster-Zufall will, stets zum Nachteil einer Seite. In Wahrheit spielten weder weltpolitische noch allein wirtschaftliche Bedürfnisse des Westens eine Rolle, ja nicht einmal wahltaktische der angeschlagenen Regierung Kohl, wie Kritiker im Zusammenhang mit der schnellen Währungsunion in den letzten 22 Jahren oft vermuteten. Der 3. Oktober, so belegen es bis heute verschollene Protokolle, wurde nur deshalb Nationalfeiertag, weil die wichtigsten Politiker keinen anderen Termin mehr frei hatten.

Die seitdem gerade an diesem Tag oft beschworene innere Einheit war schon in der geheimen Termin-Findungs-Kommission nicht herstellbar. Tagelang stritten sie über ein passendes Datum. Es sollte die eigenen Befreiungskräfte der Ostdeutschen nicht überbewerten wie etwa der 9. Oktober, an dem ein Jahr zuvor 70.000 Leipziger um ihre Innenstadt gezogen waren, erstmals unbehelligt, aber bei klar angedrohter Lebensgefahr. Zudem brauchte man ein Datum, an dem Deutsche in der Vergangenheit nicht allzu viel Kristall zerschlagen hatten, weshalb der 9. November von vornherein ausschied. Neben allem historischen Ballast hatte am Tag des Mauerfalls ja auch keiner etwas Besonderes geleistet. Eine missverständliche Presserklärung wäre zwar auch eine sympathische Gründungsurkunde für ein wirklich neues, gemeinsames Land gewesen, aber genau das wollte ja keiner.

Nur ein paar unverbesserliche Bürgerrechtler ritten immer noch auf einer neuen Verfassung herum, wie es das Grundgesetz eigentlich vorsah. Doch dieser Passus war schneller geändert, als für Secondhand-Demokraten überhaupt durchschaubar. Als Alibi durften sie in einer Bundestags-Kommission noch ein paar Jahre darüber reden. Auch ihre Bedenken zum 3. Oktober waren schnell vom Tisch gewischt. Dass es der zweite Todestag von Franz Josef Strauß war, der die menschenverachtende Diktatur noch ein paar Jahre vorher mit Milliardenkrediten stabilisiert hatte, störte die Befürworter des Datums nicht. Selbst die Einweihung des Ost-Berliner Fernsehturms am 3. Oktober 1969 schreckte niemanden ab. Es musste – dagegen konnten schließlich auch die aufrechten Bürgerrechtler nichts mehr einwenden – unbedingt der Geburtstag von Gerald Asamoah sein.

Neben den Terminproblemen von Kohl und Kollegen war das der kleinste gemeinsame Nenner. Sogar England und Frankreich konnte man diesen scheinbar lapidaren Kompromiss als Sicherheit dafür unterjubeln, dass sich niemand mehr vor gesamtdeutschen Gefühlen fürchten muss. Der knapp 12-jährige Junge aus Ghana war damals gerade frisch nach Deutschland gekommen und spielte beim Ballspielverein Werder Hannover. Es sei nicht abzusehen, so notierte der Protokollführer, »dass A. einmal in der deutschen FNM o. Ä. spielen wird«. Die Abkürzungen »o. Ä.« und »FNM« werden von Historikern heute unterschiedlich interpretiert. Für manche ist »Fußballnationalmannschaft oder Ähnliches« allerdings ein Beleg, dass die Kommission genau wusste, was sie tat. Manche vergleichen den Tag der Deutschen Einheit deshalb sogar mit der moralischen Wiederaufrüstung nach dem Ersten Weltkrieg. Aber letztlich kommt es darauf auch nicht an, weil die Protokolle – ihre einzige Quelle – wie gesagt verschollen sind.

Die Verschwörer von damals möchten aus guten Gründen nicht darüber sprechen. Der Einheitskanzler lehnt Interviews, die mit Geld und Ehrenwörtern zu tun haben, traditionell ab. Die Verhandlungsführer auf ostdeutscher Seite leiden unter Alkoholsucht oder möchten erst die eben verlängerte Stasi-Überprüfung abwarten. Einer deutet immerhin an, dass auch eine neue Nationalhymne für lange Diskussionen sorgte. Ein Vorschlag mit dem Titel »Wir sind das Volk« wurde aus »Zeitgründen« abgebügelt. Angeblich hätte das vor allem Westdeutsche überfordert, die sich gerade erst an die dritte Strophe der alten Nazi-Hymne gewöhnt hatten. Peinliche Zwischenfälle wie kürzlich bei der Ruder-WM, als die ungarischen Gastgeber eine ältere Platte auflegten, nahm man dafür gern in Kauf. Ebenso die Zurückhaltung von Sportlern wie »A. o. Ä.«, die vorsichtshalber nicht mal die Lippen bewegen.

Als Asamoah vor zehn Jahren eingebürgert wurde, die ersten Tore für die »FNM« schoss und schließlich sogar von ahnungslosen Propaganda-Funktionären für die Kampagne »Du bist Deutschland« eingespannt wurde, drohte die ganze Sache aufzufliegen. Der damalige Bundeskanzler Gerhard Schröder wollte 2004 die Notbremse ziehen und – unter der Legende, Haushaltslöcher zu stopfen – den Tag der Deutschen Einheit künftig nur noch am jeweils am ersten Sonntag im Oktober feiern. Es gab heftige Kritik, weniger wegen der Entwertung des Feiertages als wegen der Arbeitszeitverlängerung für sein ohnehin geschundenes Agenda-Volk. Den wahren Hintergrund ahnte ebenfalls niemand, als die sächsische CDU vor einiger Zeit Überlegungen anstellte, historische Gedenktage unter einen ähnlich strengen Schutz zu stellen wie die so genannten »stillen Feiertage«, an denen Demonstrationen, aber eben auch Sportveranstaltungen gesetzlichen Einschränkungen unterliegen. Karfreitag, Totensonntag, Tag der deutschen Einheit – das wäre zwar auch den Gefühlen vieler Menschen entgegengekommen, denen der 3. Oktober oder der 9. November im Nachhinein wie das 9/11 Deutschlands vorkommt. Ex-Grenzsoldaten etwa, Mitarbeitern im Ministerium für innerdeutsche Beziehungen oder Millionen anderen Arbeitslosen. Aber prompt warf man den Politikern vor, nur kritische Proteste zur Einheit verhindern zu wollen.

Inzwischen hat der DFB-Vollstrecker Löw die Affäre ähnlich elegant gelöst wie die jahrelange Schande eines ostdeutschen Kapitäns. An seinem 31. Geburtstag sitzt Gerald Asamoah diesen Montag sogar ganz ohne Verein zu Hause. So danken sie es einem, wenn man zwischen die Räder politisch korrekter Ränke gerät. Nach 43 Länderspielen will er deshalb auch nicht mehr Deutschland sein, sondern künftig lieber im Ausland spielen.

Wer trotz dieser vielen Indizien nicht an die Asamoah-Verschwörung glaubt, kann ja mal auf die Rede des Bundespräsidenten achten. Nach dem Islam wird er sicher auch dieses Jahr wieder eine überraschende Eingemeindung vornehmen. Vielleicht gehört nun Griechenland zu Deutschland, vielleicht sogar Sachsen-Anhalt. Aber jede Wette, dass er einem Mann wieder nicht zum Geburtstag gratuliert. Ich schon – wem sonst an diesem Tag.

Alles Gute, Asa!

(Oktober 2011)

»Dass ihr Jungs euch nicht verscheißern lasst!«
»Es gibt keine harmlosen Zivilisten!«
John Rambo

Wettrüsten beim Abendbrot

Wenigstens unsere Kinder sollten wir da raushalten. Vielleicht werden sie ja eines Tages den Ost-West-Graben überwinden? Irgendwann, im Jahr 2066 oder so. Eine Hoffnung.

Finn-Ole hat jetzt eine Pumpgun. Ganz beiläufig erwähnt das Kevin beim Abendbrot, aber bei aufmerksamen Eltern schrillen natürlich trotzdem alle Alarmglocken. Normalerweise planen Kinder mit Elf selbst in Ostdeutschland noch keine Amokläufe. Und selbstverständlich – damit auch das gleich klar ist – heißt unser Sohn auch nicht Kevin. Meine Familie droht allerdings mit eingeschränktem Umgang, falls ich hier echte Namen benutze. »Kevin« soll außerdem für westdeutsche Leser die Orientierung erleichtern, die glauben, alle Kinder im Osten würden so genannt, sofern sie nicht gleich in einer Kühltruhe enden oder Justin heißen – so wie Kevins Bruder.

»Eine Pumpgun also«, antworte ich im gleichen lässigen Ton und reiche meiner Frau die Butter. »Na, und? Müssen wir uns Sorgen machen?«

Müssen wir nicht. Die Rede ist nur wieder mal von einer so genannten Soft-Air-Waffe, die Plastikkugeln schießt, ein altes Thema: Es war gewissermaßen schon vom Abendbrottisch. Kein Spielzeug. Kevin hatte das auch verstanden. Eigentlich. Das Problem ist sein neuer Schulfreund Finn-Ole.

Im Gegensatz zu Kevin heißt der wirklich so und genießt auch sonst kaum Persönlichkeitsrechte in der Klasse. Die anderen feixen immer noch über seinen Dialekt. Als ihn die Lehrerin vorstellte, wollte Finn-Ole seinen Namen lieber tanzen. Anfangs staunten zwar alle noch, dass er auf seiner alten Schule angeblich machen konnte, was er wollte – spielen, tanzen, ganz egal. Aber als sie merkten, dass er in der fünften Klasse noch nicht mal richtig lesen kann, war seine große Klappe bei den meisten schnell durch.

Wir wissen nicht genau, wo seine Familie herkommt und warum es unbedingt Leipzig sein musste. Aber das spielt ja nach 20 Jahren auch keine Rolle mehr: Er ist Kevins Freund – oder sagen wir mal so: Unser Sohn kümmert sich um Finn-Oles Integration, weil ihn alle anderen doof finden. Ziemlich nett, oder? Soziale Kompetenz und so weiter. Wir können stolz auf ihn sein.

Finn-Oles Eltern sind das sicher auch. Irgendwo muss er sein Auftreten ja herhaben: Die Bestechungsversuche am Schulkiosk. Die Drohung mit einer Klage seines Vaters, falls ihn die Mathe-Lehrerin noch einmal öffentlich mit den Malfolgen der Acht bloßstellt ... Kevin fand das vor allem cool und erklärte Finn-Ole erst mal, was Hausaufgaben sind – und uns, dass sein Freund schon mehrfach die Schule wechseln musste, weil er immer gemobbt wurde, immer von den anderen. Wenigstens aber, so der subtile Vorwurf an uns, halten Finn-Oles Eltern zu ihm, wenn es um angemessene Bewaffnung auf dem Schulhof geht oder die neue Gesten-Steuerung für die Xbox, über die Kevin bei der Gelegenheit auch gleich noch mal reden will.

Sein Bruder verdreht die Augen. Justin ist schon 13 und »hasst« solche Debatten am Abendbrottisch. Abendbrot neuerdings auch. Er will lieber zurück in den Chat und den anderen mitteilen, dass in der letzten halben Stunde nichts Mitteilenswertes passiert ist, außer dass ihm ein paar unnötige Kalorien aufgenötigt wurden. Leider fühlt auch er sich nicht nur zu den einheimischen Mandys und Chantals hingezogen. Den Ton in seiner Klasse gibt ein schwindsüchtiges Mädchen an, deren Eltern aus ... – aber lassen wir das.

Es sagt sich immer so leicht: Wenigstens unsere Kinder sollten wir damit nicht auch noch vergiften. Sie hätten doch nichts mehr zu tun mit dem kalten Krieg, zweiter Besatzung und dritter Enteignung. Für sie soll Herkunft eines Tages keine Rolle mehr spielen: Ost oder West – im Jahr 2066 vielleicht. Ein ehrgeiziges Ziel, ich weiß, aber wir geben uns Mühe.

Schon im Kindergarten war nicht zu übersehen, wer

am lautesten »ich« schrie und sich auch sonst auffallend asozial aufführte. Fast immer zeigen dazugehörige Eltern bei Sommerfesten oder Elternabenden (siehe Seite 76) ähnliche Verhaltensmuster. Ich möchte nicht so weit gehen wie Thilo Sarrazin mit seiner Genforschung, aber manches geben wir selbst sicher auch weiter. Fleiß und Hilfsbereitschaft etwa oder zweifelhafte Erblasten einer Diktatur wie diesen ohnmächtigen Zorn.

Nach meinem »letzten Wort« zur Pumpgun rennt der kleine Amokläufer jedenfalls wütend in sein Zimmer. Justin deckt ab, trägt den Müll runter und fragt, ob sonst noch was zu tun sei. Alles ganz normal bei uns. Bevor er sich ins Internet zurückzieht, »um noch ein paar Vokabeln zu lernen«, möchte er außerdem wissen, was denn nun mit diesem Wochenende sei.

Ausgerechnet das verhaltensauffälligste Mädchen seiner Klasse hat zu einer Pool-Party eingeladen, mit Reiten und Übernachten – angeblich ohne Alkohol. Offenbar sind wir die einzigen Eltern, die noch nicht Ja gesagt haben. Meine Frau erinnert sich, dass ich dort mal anrufen wollte. Ich erinnere mich, dass sie das vorhatte. Nur Justin erinnert sich nicht mal mehr, wie verstört er schon einmal aus der gleichen Villa heimkam.

Da waren sie noch in der Grundschule. Die Gastgeber hatten den slowakischen Staatszirkus engagiert und Justin kannte die Regel nicht, nach der das Geburtstagskind jedes Spiel gewinnen muss. Und natürlich durfte auch nur eine auf dem weißen Tiger reiten. Damals konnten wir ihn noch damit trösten, dass solche Kinder

anders keine Freunde fänden. Dass ihre Eltern Selbstbewusstsein kaufen – Westdeutsche eben. Wir hätten es
gern pädagogisch korrekter ausgedrückt, aber sollten
wir etwa lügen? Wie soll man Kindern auch erklären,
dass Finn-Ole bei einer Angina wochenlang zu Hause
bleiben und Zuckerkugeln lutschen darf, aber unsere
Jungs nach einer ordentlichen Dosis Antibiotika wieder
in die Schule müssen? Dass wir bei schlechten Noten
weder Atteste noch Anwälte bemühen. Dass sie durch
die Sozialisation ihrer Eltern von Haus aus benachtei-
ligt sind, was kranken Ehrgeiz, falsche Bescheidenheit,
Egoismus und Ungeduld betrifft ...

»Was denn nun?«, fragt Justin. Meine Frau schüttelt
ebenfalls tadelnd den Kopf. Dabei kennt sie die Repor-
tagen über westdeutsche Flatrate-Teenies auch! Zu unseren Zeiten gab es höchstens mal einen Kanister Obst-
wein. Und so einfach ist das mit einer Abtreibung heute
schließlich auch nicht mehr.

Sonst reden wir vor unseren Kindern selten von früher. Niemand klingt gern wie Opa, der sich nur noch an
den Vollmond im Schützengraben erinnert. Wenn ihre
West-Schulbücher Quatsch über die DDR verbreiten,
korrigieren wir das und fertig. Als die Soft-Air-Diskus-
sion aufkam, habe ich Kevin gezeigt, wie wir mit leeren
Tic-Tac-Schachteln aus dem Intershop Erbsenpistolen
bastelten. Wenn Finn-Ole oder die Tiger-Reiterin sinnlos teure Klamotten vorgeben, setzt es eine Predigt über
die armen Kinder in Vietnam, die das nähen mussten,
oder den Marken-Imperialismus allgemein. Aber sonst,

wie gesagt, wollen wir sie mit dem alten Zeug nicht weiter belasten. Und ich verstehe sogar, dass man sich gegenüber schwer bewaffneten Analphabeten aus dem Westen nicht mit Erbsenpistolen lächerlich machen darf.

Später im Bett fängt Kevin noch mal von der Pumpgun an: Es ist offenbar nicht irgendeine, sondern eine »M3.000« mit »1,3 Joule«. Ich erkläre erneut, was ich über die Gefahren von Anscheinswaffen gelesen habe und suche dann verzweifelt Absolution bei Justin. Gut, sage ich, wir vertrauen dir. Es folgt eine strenge Belehrung über Mädchen und Alkohol. Und wenn es gar nicht anders geht: Hauptsache, ihre Eltern stammen nicht aus dem Westen! Dafür bekomme ich immerhin einen Gute-Nacht-Kuss, aber starre an diesem Abend trotzdem noch lange an die eigene Schlafzimmerdecke.

Eigentlich müsste man Finn-Oles Eltern anzeigen – Vernachlässigung, Waffengesetz, irgendwas in der Art. Aber sein Vater ist Anwalt ... Wir könnten unseren Kindern solchen Umgang ganz verbieten, aber sie sollen ja irgendwann ihren eigenen Weg aus dem Ost-West-Konflikt finden ... Es hilft alles nichts. Wir müssen nachrüsten. 1,3 Joule, besser mehr. Ob es die Dinger wohl auch als Kalaschnikow gibt?

(Februar 2012)

> *»Anpassung ist die Stärke der Schwachen.«*
> Wolfgang Herbst

How does it feel

Vor 46 Jahren schrieb Bob Dylan mit Like A Rolling Stone seine Hymne zum sozialen Abstieg. Seit es auch mit dem Westen nur noch bergab geht, summt der Osten leise mit. Ein Ohrwurm.

Zu den niederträchtigsten Unterstellungen an DDR-Lebensläufe gehört die Legende, alle hätten dort *Die Puhdys* gehört, polnische Schlager vielleicht noch und ansonsten nur sowjetische Marschmusik. Dabei passte der Leiersound ostdeutscher Kassettenrekorder auch besonders gut zur Stimme von Bob Dylan. Lange dachte ich sogar, er und seine Mundharmonika klängen nur so, weil wir die Lieder zu oft überspielt hätten. Fast war ich 1990 ein wenig enttäuscht, dass sich der amerikanische Sänger auch im Original anhörte wie auf einem ORWO-Tonband der Konsumgüterproduktion. Aber während um mich herum viele ähnliche Träume zerplatzten – zum Beispiel der vom ewigen Leben einer BASF-Kassette –, erschloss sich mir endlich auch eines seiner berühmtesten Lieder. *Like a Rolling Stone* kam mir vorher immer seltsam gehässig, ja vergleichsweise unpoetisch vor. Inzwischen klingt es mir häufig in den Ohren, wenn Westdeutsche jammern, dass bei ihnen früher alles besser war. Also ziemlich oft. Eigentlich ständig.

»How does it feel« summe ich, wenn in Stuttgart Polizeiknüppel tanzen und die Menschen offenbar erst nach 60 Jahren begreifen, dass Demokratie noch lange nicht »Wir sind das Volk« heißt. »But now you realize« – wir haben das anfangs auch verwechselt.

Wie fühlt sich das an, wenn ein System am Ende ist, aber sich von Halbjahr zu Halbjahr noch ein wenig Aufschub kauft – wie seinerzeit Honecker mit den Milliardenkrediten von Franz Josef Strauß? »How does it feel«, wenn alle wissen, dass es so eigentlich nicht mehr weitergeht, aber die Mehrheit in ihren Bauspar-Nischen trotzdem so tut, als ob?

»How does it feel«, wenn Google oder Facebook mehr über jeden Einzelnen wissen, als die Stasi je ahnte? Wenn die Politik das zwar ein bisschen bedenklich findet, aber Strafverfolger im Zweifel auf jeden Klick Zugriff haben oder mit ihren Spitzelprogrammen gleich selbst mitlesen?

Wie fühlt sich das an – zurück in der Zukunft, Ende der Achtziger, DDR?

Je öfter ich das Lied höre, desto mehr bewundere ich den prophetischen Songschreiber, der es extra für Westdeutsche geschrieben haben muss. Allein dieser fiese, märchenhafte Anfang: »Once upon a time you dressed so fine / You threw the bums a dime / In your prime, / Didn't you?« Spielt er damit nicht eindeutig auf die fetten Jahre nach dem Krieg und die überheblichen Almosen für die armen Landsleute im Osten an? Auf den Zufall, eine Zeitlang auf der scheinbar besseren Seite gelebt zu haben, und die vielen guten Ratschläge, wie man richtig arbeitet oder mit Geld umgeht?

»To be on your own / With no direction home / Like a complete unknown / Like a rolling stone.« So hat sich das vor 20 Jahren für Millionen Ostdeutsche angefühlt. Viele rollen immer noch, aber haben sich inzwischen daran gewöhnt, dass bei ihnen kein Moos mehr ansetzt. Wozu auch? Für die Bank? Für die Katz? Die Leihsklavenfirma? Wenn sie jetzt mal leise zurückfragen, ist das keine reine Schadenfreude, im Gegenteil: »How does it feel« hat aus ihrem Mund auch etwas Tröstliches. Die Erfahrung zum Beispiel, dass man nicht nur auf die Straße gehen kann, um etwas zu ändern, sondern hinterher sogar auf ihr leben kann. Die Gelassenheit, dass man nicht nur ein System abwickeln kann, sondern vielleicht auch zwei. Die Gewissheit vor allem, dass nichts für die Ewigkeit ist, selbst wenn es sich so anfühlt.

»How does it feel«, wenn man ein Arbeitsleben lang bei Quelle oder Opel gearbeitet hat und das Werk plötzlich schließt? Wenn ganze Regionen vor Armut zittern und Politiker an die Verantwortung der Unternehmen appellieren. Die Leute in Bischofferode können ein Lied davon singen.

Wie fühlt sich das an, wenn das heilige Wachstum nicht mehr wächst und der Markt nicht mehr wirtschaftet, schon gar nicht sozial? Wenn das rosa Papier zwischen den Fingern nicht die *Financial Times* ist, sondern eine Wartenummer im Arbeitsamt? Wie fühlt sich das an, wenn die Globalisierung an die Tür klopft? In Cottbus war sie schon lange.

»How does it feel«, wenn Aktien und Lebensversicherungen schmelzen und irgendwelche »Märkte« Altersvorsorgen fressen? Wie bitte? Was für Sorgen? Zumindest solche hatten die meisten Menschen in Demmin noch nie: »When you ain't got nothing, you got nothing to lose.«

Wie fühlt sich das an, wenn eine Krise die nächste jagt, knapp gefolgt von »historischen Entscheidungen«, eine zwangsläufiger als die nächste und immer »ohne Alternativen«. Bei der Atomkraft. In Afghanistan. Beim Euro. Mitgegangen. Mitgefangen. Deutschland kann nicht ohne … Europa muss … Der Rettungsschirm wird … Und die Lehre von Marx ist allmächtig, weil sie wahr ist. »How does it feel«, wenn dann doch alles ganz anders kommt?

Wie fühlt sich das an, mit einer Regierung zwischen Hebel und Nebel, zwischen Banken und Pöbel, zwischen Libyen und Bösien – je nachdem, wie es ausgeht? Die heute Laufzeiten verlängert und morgen alle Atomkraftwerke abschaltet, aber deren oberster FDJ-Funktionärin zwischendurch auch mal rausrutscht, dass man Politik nicht danach ausrichten könne, »wie viele Menschen gerade auf der Straße sind.«

Wie fühlt sich das an, wenn ein Hochstapler erst Kriegsminister wird und dann Hals über Kopf nach Übersee desertiert? Der oberste Dachdecker der DDR stand für zu seine Schießbefehle wenigstens einmal fast vor Gericht, bevor er sich nach Chile absetzte. Seinen Doktortitel der Nihon-Universität in Tokio trug er zwar nicht vor sich her, aber dafür ehrenhalber bis zuletzt.

»How does it feel« beim Camping gegen Banken? Mit Luftballons und fast so vielen Teilnehmern, wie auch manchmal gegen Kinderschänder demonstrieren? Wie hört sich das an, wenn die Bundesregierung auf einmal »Verständnis für die Proteste« auf der Straße hat. Etwa so wie Erich Mielkes Liebeserklärung an »alle Menschen«? Oder einfach nur »abstrus«, wie die Plagiatsvorwürfe gegen Guttenbergs »mühevollste Kleinarbeit«?

Es sind nur Fragen, wie gesagt – keine Häme. Hier lacht niemand, wenn plötzlich nur noch der zügellose »Finanz«-Kapitalismus Schuld ist, als könne man einen schwarzen Rappen leichter bändigen als einen weißen Schimmel. Macht Euch deshalb keine Gedanken! Mal eine Währungsreform, ein Systemwechsel, ein paar Jahre Hartz IV – alles halb so schlimm. In diesem Sinne interpretieren wir demnächst mal: *Don't Think Twice, It's All Right.* Zur Not vielleicht auch: *It's All Over Now, Baby Blue.* Bis dahin lasst Euch von Dylan hinter die Ohren schreiben: »Now you don't talk so loud. Now you don't seem so proud ...« Ich übersetze das einfach mal so: Schnauze, Wessi!

(November 2011)

Als nun der Hase in vollem Lauf ankam,
rief ihm die Igelfrau entgegen:
«Ich bin schon hier!"
Beim vierundsiebzigsten Versuch
brach der Hase mitten auf dem Acker tot zusammen.
Gebrüder Grimm, Der Hase und der Igel, 1843

Wer zu spät kommt ...

Ob bei Kinderkrippen, im Schnapsverbrauch oder mit dem eigenen Tod – der Westen hinkt immer hinterher. Wie sollen uns solche Penner in Zukunft durchfüttern? Ein Kopfschütteln.

Manchmal jagt eine dramatische Meldung aus Wiesbaden die nächste, und dabei ist das – selbst für westdeutsche Verhältnisse – keine besonders aufregende Stadt. Schuld sind die Erbsenzähler vom Statistischen Bundesamt. Vielleicht auch an der Langeweile, sicher aber nicht am Babyboom, den sie gerade verkündet haben: Danach lag die deutsche Gebärleistung im vergangenen Jahr so hoch wie seit 20 Jahren nicht mehr. Im Gegensatz zu westdeutschen Frauen mit 1,39 Kindern stieg die Zahl im Osten sogar auf 1,46 Kinder pro Frau.

Dies nur mit mehr Spaß, Know-how und Effizienz in ostdeutschen Schlafzimmern (siehe Seite 46) zu erklären, solche Binsenweisheiten überhaupt zu erwähnen – oder durch einen zusätzlich eingeschobenen Halbsatz noch zu betonen –, wäre zu einfach, ja beinahe platt. Vermutlich hängt es auch damit zusammen, dass Westdeutsche zwar öfter heiraten, sich aber viel seltener trauen, auch mal in der Mittagspause eine Nummer mit der Kollegin zu schieben beziehungsweise überhaupt Hemmungen haben, ohne Trauschein zu vögeln. Denn wie das Statistische Bundesamt nur mit wenigen Tagen Abstand meldete, kommen Kinder im Osten auch mehr als doppelt so häufig unehelich zur Welt wie im Westen. Und da hat der Töpfchen-Professor Pfeiffer (siehe Seite 144) vom Kriminologischen Forschungsinstitut Hannover noch nicht mal alle Tiefkühltruhen mitgezählt. Sechs von zehn Neugeborenen im Osten sind demnach das, was man früher einen Bastard nannte. In Mecklenburg-Vorpommern und Sachsen-Anhalt sogar 64 Prozent. Respekt! Ich kann mich an keine Statistik erinnern, in der diese beiden dünn besiedelten Bundesländer schon einmal vorn lagen. Außer vielleicht beim Schnapsverbrauch pro Kopf oder den wenigsten rechtsradikalen Straftaten pro Quadratmeter.

Es ist faszinierend und auch ein wenig traurig: Westdeutschland schafft sich ab. Fast scheint es, als wollte uns das Bundesamt mit solchen Meldungen von der größten Datenerfassung seit dem Sturm auf die Stasi-Zentralen 1989 ablenken, die derweil in aller Stille durchgezogen wird. Weil auch nach der Volkszählung dramatische Verschiebungen amtlich werden – so sollen etwa viel mehr Menschen aus dem Osten abgewandert sein, als sonst oft beklagt –, mache ich mir außerdem Sorgen, wen man in Zukunft noch als West-Arsch beschimpfen soll, wenn es dort kaum noch welche gibt. Und wer soll den ostdeutschen Rest durchfüttern? Etwa der Ex-Chemnitzer, der in München Müll fährt, oder die Erfurterin, die in Paderborn westfälische Nazi-Witwen füttert? Bei deren Löhnen kommt doch hier kaum noch was an! Da können wir auch gleich die Griechen nach einem Solidaritätszuschlag fragen.

Wie der Westen unsere gemeinsame Zukunft verspielt, erinnert fast an das berühmteste Zitat von Michail Gorbatschow, das in Wahrheit nie so gefallen ist. »Wer zu spät kommt, den bestraft das Leben«, soll er angeblich gesagt haben, als er die DDR zu ihrem 40. und letzten Geburtstag besuchte. Wörtlich sagte Gorbatschow aber am 5.10.1989 auf dem Flughafen Schönefeld zu Honecker nur: »Ich glaube, Gefahren warten nur auf jene, die nicht auf das Leben reagieren.«

Möglicherweise hat das ein West-Reporter etwas knackiger zurechtgefummelt oder ein heimlicher Dissident falsch übersetzt – Honecker machte jedenfalls noch ein paar Tage weiter wie bisher. Wenn ich aber lese, dass im Westen selbst 22 Jahre später nur jedes sechste Kleinkind einen Krippenplatz findet, nagen doch Zweifel am gesellschaftlichen Fortschritt der Hausfrauen-Diktatur. Selbst wenn sie wollten, tragen die Mütter dieser Kinder ohne eigenes Einkommen schließlich nichts zum Aufbau Ost bei. Dabei brauchen wir hier auch immer noch für jedes zweite Kind einen Krippenplatz. Und wie soll das erst werden, wenn im August 2013 der Rechtsanspruch darauf wirksam wird?

Wie soll der Westen das alles aufholen? Erst ein Jahr weniger bis zum Abitur, das straffe Bachelor-Studium, Pisa und so weiter. Eben erst hat Nordrhein-Westfalen nach jahrelangem Streit um die drei klassischen westdeutschen Schulformen eine vierte eingeführt. Die »Sekundarschule« wird dort wie eine Neuerfindung gefeiert, während Eltern von Kindern, die jetzt auch endlich nach zwölf Jahren das Abitur machen dürfen, wieder jammern ...

Nach wie vor kommt es in Westdeutschland zu lokalen Epidemien der Masern, weil sich asoziale Impfgegner auf die anderen verlassen. Sie glauben an die Heilkraft von Kügelchen aus Milchzucker oder spielen bei Hausgeburten Russisches Roulette: Das ist Mittelalter dort! Aber feixen, weil Ostdeutschland schon 1988 beim Pro-Kopf-Verbrauch von Schnaps unangefochten Weltspitze war. Mit 16,1 Litern im Jahr, wie der Cottbuser Ethnologe Thomas Kochan für sein Buch *Blauer Würger* herausfand, noch vor Polen. Westdeutschland spielte nie in dieser Liga, und so setzt sich das überall fort: Ob wir über den ersten Deutschen im All reden oder die Abschaffung der Prügelstrafe an Schulen (DDR: 1949, BRD: 1973, Bayern: 1980). Ob es um die Abschaltung von Atomkraftwerken oder die so genannte Energiewende geht, die im Osten mit teilweise bis zur Hälfte des erzeugten Stroms aus Wind- und Bioenergie längst vollzogen ist. Oder bei der Ausbeutung von Billiglohn-

oder Leiharbeitern – inzwischen liegt der Osten sogar vorn, was modernen Kapitalismus betrifft. Diesen ganzen altmodischen Mist mit Gewerkschaften, Mindestlöhnen und Arbeitnehmervertretung haben wir schon überwunden, während sich der westdeutsche Lohnsklave immer noch an die 37-Stunden-Woche klammert.

Schon jetzt baut Porsche in Leipzig mehr Autos als in Stuttgart, obwohl hier kein Einheimischer damit fährt. Schimpansen im Wuppertaler Zoo führen ein grausameres Leben als manche Menschen in Marzahn. Leipziger Affen dagegen leben in der weltgrößten Menschenaffenanlage außerhalb von München oder Berlin-Mitte.

Wohin es führt, wenn man heutzutage nicht flexibel auf das Leben reagiert, musste kurz nach Honecker schon der westdeutsche Sandmann schmerzlich spüren. Erinnert sich überhaupt noch jemand an den? Er sah mit seinem Bart aus wie der berühmte Wirtschaftsprofessor Hans-Werner Sinn und sollte den künftigen Kapitalmarkt-Opfern Sand in die Augen streuen. Genau eine Woche, bevor er 1959 auf Sendung ging, stattete das DDR-Fernsehen *Unser Sandmännchen* mit Sandsack und Ulbricht-Bart aus und schickte es an die Front des kalten Krieges gegen den SFB-Kollegen.

Danach kämpfte der arme Kerl in ständig wechselnden ARD-Anstalten um die Gunst der eigenen Kinder. Doch selbst die sahen lieber dem Ost-Sandmännchen zu, wie es Pionierferienlager besuchte oder als Kosmonaut seinen Kollegen auslachte, bis es ihn schließlich 1991 ganz in Rente schickte. Es blieb lange der einzige Fall unter diesen statistisch gewissermaßen umgekehrten Vorzeichen, aber auch für die wachsende Zahl abgewickelter Westler hat das zuständige Bundesamt einen Trost: Ost-Rentner sterben im Durchschnitt ein halbes Jahr eher. Und – von wegen, das wächst sich alles aus – dieser Abstand wächst sogar. Berechnungen des Bundesamtes gehen davon aus, dass ein Junge, der 2009 in den alten Ländern geboren wurde, fast eineinhalb Jahre länger zu leben hat als einer aus dem Osten. Weil sie weniger arbeiten? Seltener in Afghanistan den Kopf hinhalten? Weil Westdeutsche im Leben schon genug gestraft sind? Keine Ahnung – jedenfalls ein Grund mehr, die Schnauze zu halten.

(Februar 2012)

In der falschen Ecke

Nun gibt es *Schnauze Wessi* auch auf Papier – als Trost für die Landsleute in der Fremde oder für die Fremden im eigenen Land. Natürlich bei einem West-Verlag. Eine Danksagung.

Die Leute vom Verlag wollten sich unbedingt im *Café Einstein* treffen. Dort lungern immer irgendwelche Politiker rum, prominente Journalisten und andere Arschmaden. Wahrscheinlich findet man das schick, wenn man mal aus Gütersloh rauskommt. Früher ging mir das ähnlich. Damals hieß der Laden Unter den Linden noch *Café Kisch*. Es gab nicht so viele Alternativen, außerdem saßen da immer irgendwelche Punks und andere Müßiggänger. Heute verkehren dort keine anständigen Menschen mehr, und als der Vorschlag kam, zweifelte ich wieder, ob ein West-Verlag doch so eine putzige Idee war, wie ich anfangs fand: Nur konsequent, ja subversiv.

Ausgerechnet in dieser Plapperbude wollten sie mit mir über *Schnauze Wessi* reden? Es konnte nur westfälische Ironie sein, die sich nicht jedem gleich erschließt. Doch dann legten sie die ersten Entwürfe für das Buchcover auf den Tisch. Ihr Favorit war ein Trabant, auch das Ampelmännchen hatte es ihnen angetan. Der Programmchef fand zwei nackte Männerhintern am besten. So etwas hatte er schon mal im Urlaub auf Rügen gesehen.

FKK, Ampelmännchen, Trabis – das fällt westdeutschen Kreativen ein, wenn sie sich nach 22 Jahren den Kopf über den Osten zerbrechen. Ich schlug noch Broiler, Kathi Witt und den Sandmann vor. Sie nickten begeistert, aber zweifelten dann, ob das Sandmännchen noch ostdeutsch genug sei. Auf dem Titel gehe es um eindeutige Signale, erklärten sie mir – so wie man Indianern erklärt, dass dieser Begriff zwar nicht schön sei, aber in Western trotzdem niemand von amerikanischen Ureinwohnern spreche. Verstehe, sagte ich, deshalb heißt es auch Ostern und nicht Western. Genau, riefen sie.

Ihnen ging es um Symbole. Mir auch. Vor allem aber – und das ist ein schmales Brett – wollte ich nie im falschen Regal landen, bei Ost-Koch-Büchern, Kathi Witt oder Pittiplatsch. DDR-Nostalgie ist nicht lustig, der Westen schon. So redeten wir noch ein wenig in verschiedenen Sprachen über das Gleiche, meinten aber etwas völlig anderes. Am Ende ließen sie sich von den Lizenzgebühren abschrecken, die für ostdeutsche Sand- und Ampelmännchen an westdeutsche Agenturen und

Lizenzinhaber zu zahlen sind – und ich schluckte den Boxhandschuh. Vielleicht ist das ja Signal genug für schlichte Leser im Westen, wenn sie etwa an die ostdeutschen Rummelboxer Maske und Schultz denken. Mich tröstet der Stinkefinger. Und um den Eindruck des undankbaren Mecker-Zonis zu vermeiden, möchte ich mich an dieser Stelle auch mal bei allen Beteiligten namentlich bedanken: Bei Dr. Lutz Kinkel und Frank Thomsen von *stern.de*, bei Hannah Blut, Helmut Kohl und meinen Eltern, dass ich kein Westdeutscher geworden bin. Bei meiner Frau, meinen Söhnen und Michael Gorbatschow für alle Möglichkeiten. Und für alles Mögliche bei meinem zweitbesten Freund Ludger aus dem Münsterland und meinem erstbesten Michael. Bei Mirco, Guido und Gerard.

Ursprünglich war es nur ein Wutanfall im November 2009, der schnell zu einer unregelmäßigen Kolumne ausartete. Einige richtig wütende Stamm-Leser spornten mich immer wieder an. Auf der Herkunft dieser Leute möchte ich im Sinne der deutsch-deutschen Versöhnung nicht mehr groß herumreiten. Die meisten dort können nichts für ihre beschränkte Sicht: Wenn einer den Westen doof findet, so der Reflex, wünscht er sich automatisch die DDR zurück. Dazwischen nichts. Selbst falsche Freunde und echte Kollegen waren ernsthaft beleidigt, wenn sie sich in einem Halbsatz über Ost-Mopedfahrer aus dem Prenzlauer Berg wiedererkannten. Gern würde ich jetzt sagen, dass dies keine Absicht war, aber mir nichts auszudenken, womöglich etwas Falsches zu schreiben, war alles, was ich mir an typisch westdeutschem Ehrgeiz für diese Pamphlete erlaubte.

Traurige Fakten lassen sich nicht so leicht vom Tisch wischen wie lustige Halbwahrheiten. Deshalb gab es bisher auch keine nennenswerten Beschwerden, außer dass mich der 16-Prozent-Bürgemeister meiner Heimatstadt Leipzig – dessen Heimatstadt eigentlich Siegen ist – durch seinen Pressesprecher wegen einer angeblich zu »einseitigen Perspektive« bei meiner Verlagsleitung anschwärzen ließ. Aber sonst – das muss man ihnen wirklich zugestehen – halten Westdeutsche einiges aus: So lange sich etwas verkauft oder im Internet heftig geklickt wird, lassen sie sich sogar gern beschimpfen. Es mag keine menschliche Größe sein, sondern eher eine berechenbar berechnende, aber egal: Selbst dafür war die DDR zu klein.

Einmal war die Kolumne sogar für einen westdeutschen Journalisten-Preis nominiert, zwar in der Kategorie »Humor« statt »Dokumentation« – also wieder in der falschen Ecke –, aber plötzlich klopften mir West-Kollegen und Genossen vom *Eulenspiegel-Verlag* gleichzeitig auf die Schulter. Ich schämte mich. Für beides. Offenbar kann man in einer pluralistischen Gesellschaft sogar mit je einem Bein in verschiedenen falschen Ecken stehen.

Nun erscheinen die Texte in einem Verlag, wo sonst nur Erz-Wessis wie Norbert Blüm, Joachim Fuchsberger oder Mehmet Gürcan Daimagüler veröffentlichen. Und ich bin auch hier nicht sicher, ob das die richtige Ecke ist. Wenigstens verlegen sie auch Gesangbücher, und vielleicht kann man mit diesem Büchlein ja auch ein paar Feinden eine Freude machen. Dem importierten Chef zum Beispiel. Oder Verwandte und Freunde in der Diaspora trösten. Lasst Euch die so genannte Mauer in den Köpfen nicht ausreden – die nicht auch noch! Historisch war Deutschland selten ein einiges Land, und wenn es jemand erzwingen wollte, ging es nie lange gut.

Ob Yankees und Rednecks, Korea oder Europa – es muss immer einen reicheren Teil geben und einen, der nachgibt, scheinbare und moralische Sieger. Hierzulande, das ist der Unterschied, haben wir vor 22 Jahren die Rollen getauscht. Nur darum ging es 1989, der Westen hat es bloß noch nicht gemerkt. Und was soll man dazu sagen, wenn nicht: Schnauze, Wessi!

Holger Witzel   Leipzig, März 2012